Subconscious Mind

से

सुपर सफलता

यदि आप अपनी असफलताओं से सीखते हैं तो फिर आप उस असफलता को असफलता नहीं कह सकते, बल्कि उसे सीखने की एक प्रक्रिया कहेंगे। इस सीख को अगली योजना के लिए प्रयोग कीजिए, फिर उसका अनुकूलन कीजिए और बाधाओं पर विजय प्राप्त कीजिए।

~•~

भावनात्मक रूप से संवेदनशील व्यक्ति इस बात पर अडिग रहेंगे कि क्या कहा जा सकता था या क्या कहा जाना चाहिए। ऐसे व्यक्ति का जीवन में प्रमुख उद्देश्य यह होता है कि उन्हें अपने निश्चित क्षेत्र में सफलता मिले। उन्हें हमेशा गुप्त रूप से प्रशंसा प्राप्त करने की इच्छा होती है, लेकिन वे कभी भी श्रोताओं के बीच में प्रशंसा किया जाना पसंद नहीं करते।

~•~

समस्या यह है कि अधिकांश लोगों में सुबह के समय जागने पर सबसे पहले उन सूचनाओं को याद करने की क्षमता नहीं होती है और आधी रात में इसी सपने के कारण उनकी आँख खुलती है तो वे उन सूचनाओं को लिखने में विफल रहते हैं। सूचनाएँ अल्पावधि की स्मृति में हस्तांतरित हो जाती हैं, इसलिए उसे आप तब तक दोबारा याद नहीं कर सकते, जब तक कि कोई निश्चित परिस्थिति उसे वापस लाने के लिए उसे सक्रिय नहीं करती है।

—इसी पुस्तक से

~•~

जीवन में सफल होने के व्यावहारिक सूत्र देती है 'Subconscious Mind से सुपर सफलता'।

~•~

हिंदी के प्रतिष्ठित लेखक **महेश दत्त शर्मा** का लेखन कार्य सन् 1983 में आरंभ हुआ, जब वे हाईस्कूल में अध्ययनरत थे। बुंदेलखंड विश्वविद्यालय, झाँसी से 1989 में हिंदी में स्नातकोत्तर। उसके बाद कुछ वर्षों तक विभिन्न पत्र-पत्रिकाओं के लिए संवाददाता, संपादक और प्रतिनिधि के रूप में कार्य। लिखी व संपादित दो सौ से अधिक पुस्तकें प्रकाश्य। भारत की अनेक प्रमुख हिंदी पत्र-पत्रिकाओं में तीन हजार से अधिक विविध रचनाएँ प्रकाश्य। अनेक प्रतिष्ठित सम्मानों से अलंकृत।

संप्रति : स्वतंत्र लेखक-पत्रकार।

Subconscious Mind से सुपर सफलता

महेश दत्त शर्मा

प्रकाशक

प्रभात प्रकाशन प्रा. लि.

4/19 आसफ अली रोड, नई दिल्ली-110002

फोन : 011-232897[illegible] • हेल्पलाइन नं. : 7827007777

इ-मेल : prabhatbooks@gmail.com ❖ वेब ठिकाना : www.prabhatbooks.com

संस्करण

2026

पेपरबैक मूल्य

तीन सौ रुपए

मुद्रक

जयलक्ष्मी प्रिंटिंग प्रेस, दिल्ली

---★---

SUBCONSCIOUS MIND SE SUPER SAFALTA
by Shri Mahesh Dutt Sharma

Published by **PRABHAT PRAKASHAN PVT. LTD.**
4/19 Asaf Ali Road, New Delhi-110002

ISBN 978-93-89982-13-8

₹ 300.00 (PB)

पुस्तक परिचय

कुछ देर के लिए यह मान लीजिए कि हमारा जीवन रेखा-चार्ट के रूप में चित्रित किया जा सकता है। चार्ट पर बिंदु A दूर बाईं ओर होगा, जबकि बिंदु B दूर दाईं ओर। अब इन दो बिंदुओं के बीच के खाली स्थान पर एक चित्र बनाइए। बिंदु A को आरंभ बिंदु या इस मामले में जन्म मान लीजिए। बिंदु B इस जीवन का अंत या मृत्यु है।

मुझे ऐसी बातें कहते अच्छा नहीं लगता है; लेकिन ये दो घटनाएँ अपरिहार्य हैं। वे अवश्यंभावी हैं। आप कितनी ही कोशिश कर लीजिए, कोई फर्क नहीं पड़ना है। आप इसे बदल नहीं सकते; बल्कि यही दो चीजें ऐसी हैं, जो हम सभी में सामान्य हैं। हम सबने जन्म लिया है और हम सभी को मर जाना है।

मैं स्वयं को इन दो बिंदुओं के बीच पाता हूँ। कुछ देर के लिए हम यह मान लेते हैं कि इन दो बिंदुओं के बीच का स्थान हमारे जीवन का प्रतिनिधित्व करता है। यह दूसरी बात है, जो हम सभी में सामान्य है। हम सभी जीवित हैं।

यही खाली स्थान यह निर्धारित करता है कि एक व्यक्ति के रूप में आप क्या हैं? यही वह स्थान है, जो यह निर्धारित करता है कि आनेवाले समय में भावी पीढ़ियों द्वारा आप किस प्रकार याद किए जाएँगे। क्या आप राष्ट्रपति, राजा, शिक्षक या हो सकता है कि सिर्फ एक अच्छे माता-पिता

होंगे? इससे कोई फर्क नहीं पड़ता कि आपकी इच्छा क्या है। आपके अंतिम लक्ष्य या बिंदु B तक पहुँच जाने के बाद हमेशा ही भावी पीढ़ियों का प्रभाव रहता है। यदि आप इस बारे में सोचते हैं तो इसी खाली स्थान में हम यह निर्धारित करते हैं कि आनेवाली पीढ़ियाँ, जो हमारे पद-चिह्नों पर चलेंगी, उनके लिए हम किस प्रकार की विरासत छोड़ते हैं।

जन्म के समय हम सभी समान होते हैं। फिर ऐसा क्यों होता है कि कुछ लोग दूसरों की तुलना में बहुत कुछ हासिल कर लेते हैं। हो सकता है कि कुछ लोग अपनी खाली जगह द्वारा उपलब्ध कराई गई परिस्थितियों के कारण बहुत कुछ हासिल कर पाते हैं। फिर, दूसरे लोग अपना भाग्य पूरा करने के लिए उस खाली जगह को अपने अनुकूल बनाकर बहुत कुछ हासिल करते हैं। निस्संदेह हम सभी में एक विरासत का निर्माण करने की क्षमता है। प्रश्न यह है कि आप किस प्रकार की विरासत छोड़ना चाहते हैं।

A_________जीवन_______B

जन्म_______जीवन_______मृत्यु

अनुक्रम

पुस्तक परिचय *5*

1. क्यों ? 9
2. सम्मोहन का विकास 13
3. सम्मोहन की स्थिति 19
4. दोषपूर्ण प्रोग्रामिंग 21
5. निम्नतम प्रतिरोधकता के रास्ते 26
6. मस्तिष्क के सिद्धांत 28
7. विभिन्न विषय 35
8. हम सभी समान नहीं हैं 38
9. हम अपनी प्रतिक्रियाशीलता कैसे विकसित करें 44
10. समझने के तरीके 49
11. माता-पिता की भूमिका 53
12. आत्म-सम्मोहन 66
13. आत्म-सम्मोहन की प्रक्रिया 69
14. यह कैसे काम करता है ? 73

15. नियोजन का महत्त्व 77
16. असफलता इस खेल का हिस्सा है 80
17. समय प्रबंधन 82
18. विश्राम 87
19. इक्कीसवीं शताब्दी की वैकल्पिक दवाइयाँ 93
20. पीड़ा नियंत्रण 97
21. आँखों में यह है 100
22. संबंध, भाग–1 104
23. संबंध, भाग–2 107
24. सपने 111
25. मजबूत आधार का निर्माण 115
26. वास्तविक आचरण 120
27. निष्कर्ष 133

1

क्यों?

मेरा यह मत है कि मानव जाति को एक प्रजाति के रूप में विकसित होने के लिए अवचेतन मन को समझना आवश्यक है। इसलिए सम्मोहन की स्थिति होती है। यद्यपि सम्मोहन मन की स्वाभाविक स्थिति है, जिसे कोई भी व्यक्ति दिन में कई बार अनुभव कर सकता है। हाल के दिनों तक भी इसे एक कौशल या कला के रूप में विकसित होने के लिए आवश्यक प्रचार नहीं मिला है।

सम्मोहन को इस प्रकार से परिभाषित किया जा सकता है कि यह मानवीय इंद्रियों की अति सक्रियता के कारण बढ़ती प्रतिक्रियाशीलता की स्वाभाविक स्थिति है। यह पूर्णतः स्वाभाविक है। प्रतिदिन हमारे साथ ऐसा होता है। मूलतः सम्मोहन मानव मस्तिष्क के लिए एक राहत है। यदि उत्तेजना से आपकी इंद्रियाँ प्रभावित होती हैं तो वही उत्तेजना आपके भीतर सम्मोहन की स्थिति भी उत्पन्न कर सकती है।

अपने आपसे पूछिए कि क्या कभी आप सम्मोहित हुए हैं? क्या आपको याद आया या क्या आप जानते भी हैं कि आप सम्मोहित किए गए थे? चलिए, मैं आपको यह बताता हूँ। क्या कभी आपका ध्यान भंग हुआ है? क्या कभी ऐसा हुआ है, जब आप अपने परिवेश के प्रति बेखबर हुए हैं? क्या कभी ऐसा हुआ है, जब आपने 'ऑटो पायलट' में निःशुल्क राजमार्ग की यात्रा की है और बाहर निकलने का मार्ग ही भूल

गए हों ? क्या आप कभी कक्षा में लेक्चर सुनने के लिए बैठे हैं, लेकिन आपका ध्यान शाम की शराब की पार्टी में लगा है ? अपने आपसे पूछिए कि क्या कभी ऐसा हुआ है कि जब आप कार डीलर के पास गए हैं और डीलर आपसे कहता है कि कल्पना कीजिए कि आप निर्माता हैं। आप सड़क पर गाड़ी चला रहे हैं या इंजन की शक्ति का अनुभव कीजिए। मैं शर्त लगाता हूँ कि आपने टेस्ट ड्राइव की और मैं यह बाजी लगाता हूँ कि सेल्समैन पूरे समय बातें करता रहा। क्या आप सोचते हैं कि वह बस, एक मित्रवत् बातचीत कर रहा था ? ठीक है, वह आपको सम्मोहित कर रहा था। शायद वह सिर्फ यह नहीं जानता।

सही तरीके से प्रशिक्षित सम्मोहन चिकित्सक अपने ग्राहकों को अपने अवचेतन मन की सही समझ विकसित करने योग्य बनाते हैं। प्रोफेशनलों ने तो ग्राहकों को यह सिखाना शुरू कर दिया है कि इसे कैसे प्राप्त करें और तदनुरूप अपने आचरण में कैसे बदलाव लाएँ। ग्राहक ऐसे प्रोग्राम बनाना सीख लेते हैं, जो उनकी आदतें, विचार, संबंध और उनकी पूर्ण पहचान तथा संबंध-प्रक्रिया को प्रभावित करते हैं।

हमेशा याद रखिए कि सम्मोहन की स्थिति इंद्रियों को बोझिल कर देने से उत्पन्न होती है। कार सेल्समैन के लगातार बात करने से आपकी चिंता बढ़ी, इसलिए बचाव की जरूरत महसूस हुई। अंत में, स्वयं से अंतिम सवाल कीजिए, यदि संसार में सबको सम्मोहन के बारे में मालूम है, सिवाय आपके, तो ?

सम्मोहन की अवस्था मनुष्य की कार्य-प्रक्रिया पर आधारित मस्तिष्क की बढ़ती ग्राह्यता के सिवाय और कुछ नहीं है। मस्तिष्क की इस ग्राह्य अवस्था को प्रतिक्रियाशीलता कहते हैं। यदि आप अवचेतन मन को कंप्यूटर का डाटाबेस प्रोग्राम मान लें तो प्रतिक्रियाशीलता वह है, जो यह निश्चित करती है कि सूचनाएँ प्रोग्राम में कैसे पहुँचीं। इस ज्ञान से लैस सम्मोहन के प्रयोगकर्ताओं ने उपचारात्मक कला के प्रति अग्र सक्रिय

होकर अपने लिए एक व्यवसाय तैयार कर लिया। इस प्रकार, स्वास्थ्य सेवा के पारंपरिक तरीकों से थक चुके लोगों की वे सहायता करते हैं।

सही तरीके से प्रशिक्षित सम्मोहन चिकित्सक अपने ग्राहकों को अपने अवचेतन मन की सही समझ विकसित करने योग्य बनाते हैं। प्रोफेशनलों ने तो ग्राहकों को यह सिखाना शुरू कर दिया है कि इसे कैसे प्राप्त करें और तदनुरूप अपने आचरण में कैसे बदलाव लाएँ। ग्राहक ऐसे प्रोग्राम बनाना सीख लेते हैं, जो उनकी आदतें, विचार, संबंध और उनकी पूर्ण पहचान तथा संबंध-प्रक्रिया को प्रभावित करते हैं। अमेरिकन मेडिकल एसोसिएशन ने सम्मोहन को तनाव, चिंता आदि को नियंत्रित करनेवाले एक श्रेष्ठ साधन के रूप में स्वीकृत किया है। विज्ञान ने यह सिद्ध कर दिया है कि दिन-प्रतिदिन के इन तीन तत्त्वों का संबंध बीमारी या मृत्यु से है या ये तीन इसके लिए उत्तरदायी प्राथमिक कारक हैं।

यह पुस्तक आपको सिर्फ यह बताती है कि एक प्रकार के साधन से किस प्रकार लाभ उठाया जा सकता है। ऐसे कई अन्य साधन हैं। उनके बारे में मुझे पर्याप्त जानकारी नहीं है कि अपनी इस पुस्तक में बताऊँ। मैं दावे के साथ कहता हूँ और इसके बारे में बहुत गहराई से महसूस करता हूँ। यह आपका अधिकार नहीं, बल्कि दायित्व है।

संक्षेप में, यदि सम्मोहन चिकित्सक उचित रूप से प्रशिक्षित है तो वह अपने ग्राहकों को अपनी प्रोग्रामिंग स्वयं करने के लिए प्रशिक्षित कर सकता है। यद्यपि इस परिदृश्य में कंप्यूटर के बजाय ग्राहक स्वयं ही अपने मस्तिष्क का नियंत्रण एवं प्रोग्राम बनाना सीख जाता है। अधिकांश वैज्ञानिक इस बात से सहमत होंगे कि इस प्रकार की समझ प्रजातियों के निरंतर विकास की दिशा में एक महत्त्वपूर्ण कदम है।

जब तक हम मनुष्य के रूप में अपने मस्तिष्क को समझने का प्रयास नहीं करेंगे, हम प्रजाति के रूप

में अपने पूर्ण सामर्थ्य को वास्तव में प्राप्त नहीं कर पाएँगे। इस पुस्तक का उद्‌देश्य आपको अपने अवचेतन मन तथा तदनुरूप स्वयं को अच्छी तरह समझने का प्रयास एवं प्रोत्साहित करने के लिए आवश्यक कौशल सिखाना और उसका प्रदर्शन करना है। यह पुस्तक आपको सिर्फ यह बताती है कि एक प्रकार के साधन से किस प्रकार लाभ उठाया जा सकता है। ऐसे कई अन्य साधन हैं। उनके बारे में मुझे पर्याप्त जानकारी नहीं है कि अपनी इस पुस्तक में बताऊँ। मैं दावे के साथ कहता हूँ और इसके बारे में बहुत गहराई से महसूस करता हूँ। यह आपका अधिकार नहीं, बल्कि दायित्व है। यह पता लगाएँ कि किस प्रकार मस्तिष्क की सही समझ आपको जीवन में उच्चतम स्तर की संतुष्टि को समृद्ध एवं प्राप्त करने में सहायक हो सकती है। सम्मोहन चिकित्सक को व्यक्तिगत प्रशिक्षक के रूप में उपयोग करो या इस पुस्तक को सिर्फ पढ़ लो। किसी तरह भी, कुछ तो करो।

□

2

सम्मोहन का विकास

मस्तिष्क की सम्मोहन से जुड़ी अवस्था क्यों उत्पन्न होती है, यह समझने के लिए हमें प्रजातियों के विकास को समझना जरूरी है। इसके लिए हमें अपना शोध आदिपूर्वजों एवं उनके जीविकोपार्जन के साधनों से करना चाहिए। मूलतः यह साधारण कथन के रूप में व्यक्त किया जा सकता है—मनुष्य* को पशुओं की अन्य प्रजातियों की तरह जीवित रहने के लिए अपने परिवेश के साथ अनुकूलन पैदा करना चाहिए। उसे या तो अच्छा भक्षक या बुरा शिकार बनना चाहिए। यह अनुकूलन या इसका अभाव उस प्रजाति के पृथ्वी से उन्मूलन की प्रक्रिया को या तो तीव्र करेगा या लंबा करेगा।

किसी भी प्रजाति के जीवित रहने के लिए पहला तरीका यह है कि किसी भी संभावित भक्षक से निपटने के लिए बढ़ती क्षमता का विकास करना, जो उसे अपने अगले आहार के रूप में खाना चाहेगा। प्रायः इससे कुछ विशिष्ट इंद्रियों में वृद्धि अपरिहार्य हो जाती है; जैसे सूँघने, देखने या हो सकता है, आभास करने की। प्रजातियों के लिए दूसरा तरीका यह है कि वे जैविक हथियार की तरह अपनी कोई रक्षात्मक प्रणाली विकसित करें, ताकि भक्षकों का आहार बनने से बचने के लिए एक

* मनुष्य मानव जाति में सभी को प्रस्तुत करता है, न कि केवल पुरुष लिंग को। इस पुस्तक में उपयोग किए गए पुरुष सर्वनाम का अर्थ महिलाओं को नीचा दिखाने या अपमानित करने से नहीं, बल्कि उनके उपयोग के भद्देपन को हर हाल में रोकने से है।

सफल अवरोधक पैदा कर सकें। इससे कुछ अंतर नहीं पड़ता कि कोई देखने में कैसा है? यह संसार एक प्रतिकूल जगह है तथा यह निरंतर प्रवाह की अवस्था में है। आहार शृंखला ही है, जो इसे निरंतर गतिमान रखती है। मजबूत कमजोर को खा जाता है, कमजोर अपने से कमजोर को खा जाता है। विकास के कारण ही मनुष्य स्वयं को इस शृंखला के शीर्ष पर रखने में समर्थ हुआ है। यह तो एक नमूना है। इससे यह अनुमान लगाया जा सकता है कि विकास ही हमारे प्रतिस्थापन के विकास के लिए उत्तरदायी होगा।

आदि मानव भी भिन्न नहीं थे। उन्हें भी लड़ने या भाग जाने के लिए क्षमताएँ विकसित करनी पड़ीं। उन्होंने यह तो किया, लेकिन एक झटके में। आरंभिक उद्दीपन के बाद उसने अपनी क्षमता में मूल्यांकन या मनन भी जोड़ा; जबकि अन्य पशुओं ने अपने शिकार के मांस को फाड़ने के लिए लंबे पंजे विकसित किए। कुछ दूसरे ने चेतना की भयानक युक्ति विकसित की, मनुष्य ने अपने मस्तिष्क का विकास किया या दूसरे शब्दों में—चेतन मस्तिष्क का। मनुष्य के सोचने, याद रखने तथा अपनी सहज प्रवृत्ति से आगे विकास करने की क्षमता ही इसे अन्य पशुओं से अलग बनाती है।

अनेक वैज्ञानिकों का यह अनुमान है कि मानव प्रजाति का प्रतिस्थापन ब्रह्मांड के अज्ञात स्थान से नहीं आएगा। क्षमा करें, आप विक्षिप्त लोग, बल्कि हमारे भीतर से ही निकलेगा। कुछ क्षणों के लिए इसके बारे में सोचिए। हम अपने मस्तिष्क के एक छोटे भाग का ही उपयोग करते हैं। कई लोगों का अनुमान है कि यह लगभग 10 और 12 प्रतिशत ही है। यदि इसका और अधिक उपयोग करना सीख लिया जाए तो क्या होगा?

यदि कोई प्रजाति विकास की अवस्था को सफलतापूर्वक जी लेती

है तो यह स्पष्ट है कि उसे सबसे पहले भक्षकों से अपनी रक्षा करनी होगी। लड़ने या भाग जाने के लिए उसे सबसे पहले सक्रिय इंद्रियों का विकास करना होगा। परिणामत: कुछ प्रजातियों में अधिक शक्ति एवं आक्रामकता (लड़ाई) का विकास होगा; जबकि अन्य में फुरती, गति तथा घ्राण, दृश्य एवं श्रव्य आदि इंद्रियों में बढ़ती संवेदनशीलता अधिक विकसित होगी। जो प्रजाति लड़ने या भाग जाने की क्षमता का विकास नहीं करती है, लेकिन निष्क्रिय रहती है, उसके बारे में अभी या भविष्य में शोध-पत्रों तथा अन्य प्रलेखी कृतियों में पढ़ेंगे, जिसे विद्वान् एवं पुरातत्त्वविद् असंख्य घंटों के श्रम के बाद तैयार करते हैं; क्योंकि उन प्रजातियों का अस्तित्व समाप्त हो गया है।

आदि मानव भी भिन्न नहीं थे। उन्हें भी लड़ने या भाग जाने के लिए क्षमताएँ विकसित करनी पड़ीं। उन्होंने यह तो किया, लेकिन एक झटके में। आरंभिक उद्दीपन के बाद उसने अपनी क्षमता में मूल्यांकन या मनन भी जोड़ा; जबकि अन्य पशुओं ने अपने शिकार के मांस को फाड़ने के लिए लंबे पंजे विकसित किए। कुछ दूसरे ने चेतना की भयानक युक्ति विकसित की, मनुष्य ने अपने मस्तिष्क का विकास किया या दूसरे शब्दों में—चेतन मस्तिष्क का। मनुष्य के सोचने, याद रखने तथा अपनी सहज प्रवृत्ति से आगे विकास करने की क्षमता ही इसे अन्य पशुओं से अलग बनाती है।

मनुष्य का चेतन मस्तिष्क ही हमें अन्य पशुओं से अलग करता है और इसके कारण हम बड़े, शक्तिशाली एवं क्रूर पशुओं पर भी प्रभुत्व प्राप्त करते हैं। उसी तरह हमारा चेतन मस्तिष्क ही कमजोर प्रवृत्ति की प्रजातियों पर प्रभुत्व स्थापित करने का सामर्थ्य प्रदान करता है। मनुष्य ही एक ऐसी प्रजाति है, जो विश्लेषण, विकोडन तथा उन वैकल्पिक कोर्सों में से अपने लिए उपयुक्त कोर्स चुनने में समर्थ है, जो उसकी आदतों के अनुकूल पूर्व निर्धारित नहीं भी है। इसलिए यह शक्ति उसे अपने लिए

अनुकूल परिस्थितियों का निर्माण करने या अपना भाग्य स्वयं बनाने का सामर्थ्य प्रदान करती है। यह या तो ईश्वर-प्रदत्त विशेषाधिकार है या विकास संबंधी तथ्य। इसमें कोई संदेह नहीं है कि मनुष्य ही एक ऐसी प्रजाति है, जिसे यह वैभव प्राप्त है।

हमने प्रमुख शिकारियों के सफल तरीकों का अनुसरण किया। शिकारों की खाल को हमने कपड़ों की तरह प्रयोग करना शुरू कर दिया। खाल के इस प्रकार के प्रयोग ने उसे छिपने का प्राकृतिक साधन उपलब्ध कराया। इस प्रकार के गोपनीय तरीके बनाए रखने के लिए हमने अपने मूत्र एवं मल-त्याग को कुछ निश्चित क्षेत्रों तक सीमित करना सीखा तथा भक्षकों का उस ओर आकर्षण न हो और संभावित शिकार बच जाए, इस धारणा ने मनुष्य तथा उसके समूह को अपने घुमंतू तंबू के कुछ भाग को इस उद्देश्य से प्रयोग के लिए प्रेरित किया।

आदिकाल में मनुष्य भी पशुओं से भिन्न नहीं था। जीवित रहने के लिए वह भी अपनी सहज प्रवृत्तियों पर निर्भर करता था। उसमें भी अपराध-बोध, लज्जा, शर्म, नैतिकता के भाव नहीं थे, जो बाद में समाज के विकास के साथ-साथ विकसित हुए। जहाँ भी उसकी इच्छा होती, वह मूत्र-त्याग या मल-त्याग कर देता। वह चिल्लाता या अपनी इच्छा व्यक्त करता, जब कभी भी उसे कथित प्रभावशाली आक्रमण का भय होता। जब भी और जहाँ भी इच्छा होती, वह किसी के साथ रतिक्रिया में लिप्त हो जाता, जो उसके प्रभुत्व को स्वीकार कर लेता। प्रभुत्व के संदर्भ में यह मजाक है। संभावित खतरे को वह कैसा पाता है, इसी आधार पर वह या तो भाग जाता या उनसे लड़ जाता। यदि वह लड़ या भाग नहीं सकता तो वह निष्क्रिय हो जाता और तब तक मृत होने का ढोंग करता रहता, जब तक खतरा टल नहीं जाता।

हमारे छोटे कद तथा शत्रु पशुओं की तरह प्राकृतिक जैविक अस्त्रों के अभाव के कारण हमें ऐसी वस्तुओं के विकास की क्षमता विकसित करनी पड़ी, जिनका प्रयोग हम अपनी सुरक्षा के लिए कर सकते हैं। चेतन मस्तिष्क का और अधिक विकास तथा श्रेष्ठ भक्षकों के तरीकों का विश्लेषण कर उसने प्रकृति द्वारा हमें उपलब्ध कराई गई वस्तुओं का उपयोग करना सीखा। हमने आसानी से उपलब्ध वस्तुओं, जैसे—डंडे व पत्थरों आदि का प्रयोग करना सीखा। हमने प्रमुख शिकारियों के सफल तरीकों का अनुसरण किया। शिकारों की खाल को हमने कपड़ों की तरह प्रयोग करना शुरू कर दिया। खाल के इस प्रकार के प्रयोग ने उसे छिपने का प्राकृतिक साधन उपलब्ध कराया। इस प्रकार के गोपनीय तरीके बनाए रखने के लिए हमने अपने मूत्र एवं मल-त्याग को कुछ निश्चित क्षेत्रों तक सीमित करना सीखा तथा भक्षकों का उस ओर आकर्षण न हो और संभावित शिकार बच जाए, इस धारणा ने मनुष्य तथा उसके समूह को अपने घुमंतू तंबू के कुछ भाग को इस उद्देश्य से प्रयोग के लिए प्रेरित किया।

> *शीघ्र ही हमने अपनी लड़ाई की प्रतिक्रियाओं, जैसे—श्रव्य, घ्राण एवं अंतर्दृष्टि आदि सभी को धकेलकर अवचेतन मन में डाल दिया। ये प्राचीन प्रतिक्रियाएँ शीघ्र ही हमारे मस्तिष्क के तेजी से विकसित होते चेतन क्षेत्र के विश्लेषण एवं तर्क के अधीन आ गईं। यद्यपि वे अधीन थे, लेकिन वे अभी भी वहाँ मौजूद हैं।*

जब हमने समूह में रहना, शरीर को ढकना तथा अपनी नित्य क्रियाओं को निश्चित क्षेत्र तक सीमित करना शुरू किया तो हमने एक सुरक्षित वातावरण का विकास किया, जहाँ हम एकत्र हुए तथा हमने कुछ ऐसा विकसित करना शुरू किया, जिस पर हम गर्व महसूस करें या एक विशाल सामाजिक चेतना का विकास शुरू किया। इस चेतना एवं जागरूकता के कारण हमारे अंदर स्वयं के प्रति तथा दूसरों के

प्रति भी दायित्वों की अच्छी समझ विकसित हुई। मनुष्य को नियत दिशा-निर्देशों एवं नियमों का निर्धारण करना पड़ा तथा समाज में अपनी स्थिति सुरक्षित रखनी पड़ी। संक्षेप में, मनुष्य ने अपने साथियों तथा अपने द्वारा निर्मित सुरक्षित समाज के लिए परस्पर सम्मान की भावना का विकास किया।

जब हम अपने चेतन मन का विकास कर रहे थे तो हमने लड़ाई की प्राचीन प्रतिक्रियाओं पर निर्भरता कम कर दी। शीघ्र ही हमने अपनी लड़ाई की प्रतिक्रियाओं, जैसे—श्रव्य, घ्राण एवं अंतर्दृष्टि आदि सभी को धकेलकर अवचेतन मन में डाल दिया। ये प्राचीन प्रतिक्रियाएँ शीघ्र ही हमारे मस्तिष्क के तेजी से विकसित होते चेतन क्षेत्र के विश्लेषण एवं तर्क के अधीन आ गईं। यद्यपि वे अधीन थे, लेकिन वे अभी भी वहाँ मौजूद हैं।

इसी समय मस्तिष्क के अवचेतन क्षेत्र ने अपना विकास शुरू किया। यह मस्तिष्क केऐसे भाग के रूप में विकसित हो गया, जो स्वचालित प्रतिक्रियाओं का नियंत्रण करता है। यह इस प्रकार के तरीकों एवं स्वचालित प्रतिक्रियाओं का नियंत्रण करता है, जिसके लिए विश्लेषण या मनन की जरूरत नहीं होती। इसी विकास के कारण चिंताओं एवं भय का जन्म होने लगा। अब हम स्वचालित प्रतिक्रियाओं का नियंत्रण करने में असमर्थ थे या स्वचालित रूप से मस्तिष्क आदि क्षेत्र में चले जाते हैं। अब इसकेलिए काम, अत्यधिक काम, विचार या कम-से-कम एक ऐसी समझ की जरूरत होती है, जो मनुष्य के पास नहीं है और आज भी इसका सिर्फ अध्ययन करना ही शुरू किया गया है।

□

3

सम्मोहन की स्थिति

सम्मोहन साधारणतः वह स्थिति है, जब मनुष्य का मस्तिष्क प्रतिक्रिया की आदिम स्थिति में चला जाता है। एक ऐसी अवस्था, जब मस्तिष्क को सोचने की जरूरत नहीं पड़ती, बल्कि यह स्वचालित होता है। सम्मोहन एक ऐसी स्थिति है, जिसमें आचरण पूर्व निर्धारित होता है तथा इसमें सचेत तर्क या विश्लेषण की जरूरत नहीं होती है। इससे यह संकेत मिलता है कि मस्तिष्क की वह अवस्था, जो तर्क द्वारा बाधित नहीं होती है, किसी सलाह को अवचेतन मन की प्रोग्रामिंग का हिस्सा बनने के लिए स्पष्टतः प्रेरित करती है।

व्यक्ति तथा उसके चिकित्सक के बीच का यह नियंत्रित वातावरण ही वह श्रेष्ठ अवसर है, जो सचेत विश्लेषण एवं अवचेतन तथा पूर्व निर्धारित आचरण को संयुक्त करता है, ताकि आचरण में स्वैच्छिक सचेत प्रयास द्वारा बदलाव लाया जा सके। इस प्रक्रिया द्वारा पूर्व निर्धारित एक नवीन आचरण का विकास होता है, जो व्यक्ति एवं चिकित्सक के सम्मिलित प्रयास से बनता है।

सम्मोहन की स्थिति स्वाभाविक है, इसका उपयोग करना सीखिए

जैसा कि मैंने पहले ही रेखांकित किया है, सम्मोहन की स्वाभाविक

स्थिति मस्तिष्क की वह अवस्था है, जो प्राय: चिंता या सचेत मस्तिष्क के बोझिल होने से संबद्ध होती है। मेरा यह अनुभव है कि कुछ लोग तनाव या चिंता की अवस्था में इधर-उधर टहलते हैं। ऐसी आदत व्यक्ति को कभी-कभी स्वाभाविक, ग्राह्य (सलाह के प्रति प्रतिक्रियाशील) व शून्य की मन:स्थिति में पहुँचा देती है, जो मस्तिष्क की स्वाभाविक अवस्था होती है। मस्तिष्क की पूर्व स्थिति में पहुँचने की क्रिया के कारण किसी हद तक हमारा मस्तिष्क उसी प्रकार काम करने में समर्थ हो पाता है, जैसे रेडियो में एंटीना काम करता है। रेडियो एंटीना के कारण सामान्यत: वे सिग्नल, जो ग्रहण नहीं किए जा सकते हैं, सुनाई पड़ते हैं। इस स्थिति में बढ़ती ग्राह्यता के कारण सलाह, विचार आदि मस्तिष्क के व्यावहारिक पक्ष में प्रविष्ट कर जाते हैं, जिसका सामान्यत: विश्लेषण होता है तथा सचेत मस्तिष्क के विश्लेषण द्वारा उसका परित्याग कर दिया जाता है।

रेडियो एंटीना के कारण सामान्यत: वे सिग्नल, जो ग्रहण नहीं किए जा सकते हैं, सुनाई पड़ते हैं। इस स्थिति में बढ़ती ग्राह्यता के कारण सलाह, विचार आदि मस्तिष्क के व्यावहारिक पक्ष में प्रविष्ट कर जाते हैं, जिसका सामान्यत: विश्लेषण होता है तथा सचेत मस्तिष्क के विश्लेषण द्वारा उसका परित्याग कर दिया जाता है।

इसका परिणाम कभी-कभी दोषपूर्ण प्रोग्रामिंग के रूप में सामने आता है। इसलिए यह नहीं कहा जा सकता कि हमारा एंटीना जो कुछ भी ग्रहण करता है, हम उसकेलिए कुछ नहीं कर सकते; बल्कि पूरी प्रक्रिया समझने के बाद आप अपने मस्तिष्क की प्रोग्रामिंग पर नियंत्रण कर सकते हैं। यह कैसे किया जा सकता है, इस पर हम बाद में चर्चा करेंगे।

□

4

दोषपूर्ण प्रोग्रामिंग

किसी भी व्यक्ति की प्रोग्रामिंग कैसे की जा सकती है, वह भी दोषपूर्ण ढंग से ? कई मामलों में हमारा दोषपूर्ण आचरण एवं प्रोग्रामिंग का ढंग मस्तिष्क के सम्मोहन की स्थिति में हम जो कुछ भी ग्रहण करते हैं, उसके प्रति जागरूक नहीं होते हैं; परंतु हमारा मस्तिष्क प्रतिक्रियाशील अवस्था में होता है, जो इसी के परिणामस्वरूप होता है। चिंता के कारण मस्तिष्क की ग्राह्यता की बढ़ती अवस्था चिंता से लड़ने के प्रयास में एक अवांछित व्यवहार का विकास करती है। यह नकारात्मक आचरण बाद में नकारात्मक प्रोग्रामिंग ढाँचे का हिस्सा बन जाता है। नियंत्रित वातावरण में सम्मोहन का प्रयोग करके व्यक्ति अपने आचरण के तरीके पर नियंत्रण प्राप्त कर सकता है। इसके लिए वह पूर्व निर्धारित सलाह की सहायता से दोषपूर्ण प्रोग्रामिंग के बदले अच्छी प्रोग्रामिंग का प्रयोग कर सकता है। इस सिद्धांत को समझकर तथा दूसरों को सिखाकर हम अपने आचरण एवं प्रेरणा प्रणाली पर नियंत्रण प्राप्त करने में समर्थ होते हैं। इस प्रकार, हम अपने भाग्य पर भी नियंत्रण करने में समर्थ होते हैं।

व्यक्ति संदेश इकाई केएक ग्राहक केरूप में अपने दैनिक रुटीन में चार अलग-अलग दिशाओं से संदेश प्राप्त करता है। प्रथम है बाहरी वातावरण, जिसमें मौसम, संगीत, नौकरी तथा सामाजिक संवाद शामिल हैं। मूलतः

इसमें हमारे प्रतिदिन के परिवेश की सारी चीजें सम्मिलित हैं। दूसरा है हमारा शरीर। इसके उदाहरण हैं—कड़ापन, दर्द, सूजन, पाचन-प्रक्रियाएँ एवं बेचैनी। तीसरा है—सचेत मन, जो हमारे तर्क, ज्ञान, उद्देश्य, निर्णय तथा वे सभी प्रभावशाली कारक, जो सचेत स्तर पर हमें प्रभावित करते हैं, को नियंत्रित करता है। चौथा सबसे बड़ा (वैज्ञानिकों के अनुसार, 88 प्रतिशत) तथा सबसे ज्यादा प्रभावशाली है अवचेतन मन। हमारा अवचेतन मन ही अन्य तीनों स्रोतों से सूचना संदेशों को ग्रहण करता है तथा बिना कोई राय बनाए उसे संचित रखता है। मूलतः मस्तिष्क का यही वह क्षेत्र है, जो संक्षेप में सामाजिक या धार्मिक स्तर पर सिखाए गए विश्वासों के आधार पर निर्मित हमारे व्यक्तित्व को परिलक्षित करता है। इसमें हमारी जीन संरचना भी सम्मिलित होती है तथा हमारे भीतर जो कुछ भी स्वाभाविक है, उस नियंत्रक के रूप में भी काम करता है। हमारे प्रदर्शित आचरण का यह प्रोग्रामिंग स्रोत है। जैसा कि मैंने कहा, यह हमारा व्यक्तित्व दरशाता है।

'अति क्रियाशीलता' वह शब्द है, जिसका प्रयोग हमारे चेतन मन द्वारा संदेश इकाइयों के बोझ को समझने एवं विश्लेषण करने के प्रयास में निर्मित मस्तिष्क की स्वाभाविक क्रियाशीलता के लिए किया जाता है। उदाहरण के लिए, हमारा मस्तिष्क स्वचालित रूप से तथा अनजाने में ही इस बोझ के कारण आतंकित महसूस करने लगता है और बाहरी वातावरण में असुरक्षित महसूस करना शुरू कर देता है।

अति क्रियाशीलता क्या है?

'अति क्रियाशीलता' वह शब्द है, जिसका प्रयोग हमारे चेतन मन द्वारा संदेश इकाइयों के बोझ को समझने एवं विश्लेषण करने के प्रयास में निर्मित मस्तिष्क की स्वाभाविक क्रियाशीलता के लिए किया जाता है।

उदाहरण के लिए, हमारा मस्तिष्क स्वचालित रूप से तथा अनजाने में ही इस बोझ के कारण आतंकित महसूस करने लगता है और बाहरी वातावरण में असुरक्षित महसूस करना शुरू कर देता है। यदि हम उस क्षण संदेश इकाइयों की बाधा के कारण उत्पन्न बढ़ते दबाव को झेल पाने में असमर्थ होते हैं या सामान्य से अधिक संदेश इकाइयाँ हमारे मस्तिष्क में आने लगती हैं तो हम स्वचालित रूप से और पुन: अति क्रियाशीलता की स्थिति में वापस पहुँच जाएँगे, शरीर कड़ा या तनावपूर्ण हो जाएगा तथा उसकी क्रिया-प्रणाली में दोष आ जाएँगे। परिणामस्वरूप या तो हम तनावपूर्ण हो जाएँगे या काँपने लगेंगे तथा हमारी एड्रीनल ग्रंथि स्राव करने लगेगी।

जैसे-जैसे शरीर में ज्यादा तनाव आता है, वैसे-वैसे अधिक संदेश इकाइयाँ मस्तिष्क में आती हैं, जो एक बार फिर तर्क का प्रयोग करने का प्रयास करेंगी। इससे एक प्रकार के वृत्ताकार ढाँचे का निर्माण होता है, जिसमें एक प्रकार का तनाव दूसरे को बढ़ावा देता है, जो बदले में पहले तनाव को बढ़ाता है। जब तर्क का और अधिक प्रयोग नहीं हो सकता है और वह एक बोझिल स्थिति बन जाती है, तब हमारा अवचेतन मन इस स्थिति से बचने के लिए हमें तैयार करता है, अथवा इस स्थिति में 'लड़ो या भाग जाओ' के सिद्धांत पर काम करने के लिए प्रेरित करता है।

सचेत मस्तिष्क अपनी सुरक्षा के प्रयास में लगभग समर्पित हो जाता है। दिल की धड़कनें धीमी हो जाती हैं, नाड़ी की दर में गिरावट आ जाती है और तब जीवन को बचाने के प्रयास में रक्त मांसपेशियों से शरीर के प्रमुख अंगों की ओर बहने लगता है। यहीं पर हम तनाव-रहित एवं स्तब्ध प्रतीत होते हैं, जबकि वास्तव में हम अपने परिवेश के प्रति अतिग्राही बन जाते हैं।

जब लड़ाई का प्रथम विश्लेषण होता है तो हमारा हृदय तेजी से धड़कना शुरू कर देता है और रक्त दाब अचानक बहुत बढ़ जाता है,

क्योंकि शरीर के महत्त्वपूर्ण अंगों द्वारा मांसपेशियों को रक्त की आपूर्ति तेज की जाती है। हमारी पुतलियाँ फैल जाती हैं तथा हमारी साँस तेज-तेज चलने लगती है। अंततः जब हमारे मस्तिष्क को यह लगता है कि लड़ने के लिए तो कुछ है ही नहीं, तब हम शंकालु हो जाते हैं। तब अपने भीतर के अनजाने दबाव से हम डरने लगते हैं और हम सम्मोहन की स्थिति में आ चुके होते हैं।

हमारी सुरक्षा के प्रयास में अर्धशामक तंत्रिका तंत्र आरंभिक संघर्ष प्रतिक्रिया को धीमी व निष्क्रिय स्थिति में बदलकर इसकी अति क्षतिपूर्ति करता है, जब हमारे भीतर संघर्ष की इच्छा-शक्ति समाप्त हो जाती है तथा जब तक वह संकट समाप्त नहीं हो जाता है, मस्तिष्क निद्रा जैसी निष्क्रिय अवस्था में रहता है। यहीं पर विपरीत घटना घटित होती है। सचेत मस्तिष्क अपनी सुरक्षा के प्रयास में लगभग समर्पित हो जाता है। दिल की धड़कनें धीमी हो जाती हैं, नाड़ी की दर में गिरावट आ जाती है और तब जीवन को बचाने के प्रयास में रक्त मांसपेशियों से शरीर के प्रमुख अंगों की ओर बहने लगता है। यहीं पर हम तनाव-रहित एवं स्तब्ध प्रतीत होते हैं, जबकि वास्तव में हम अपने परिवेश के प्रति अतिग्राही बन जाते हैं।

मस्तिष्क की यही वह अवस्था है, जिसके बारे में हमें बहुत कुछ सीखने की जरूरत है। यहीं पर ज्ञान की अनुभूति होती है तथा इसी क्षेत्र को हमें अच्छी तरह समझने की जरूरत है। अपने आप से यह पूछिए कि किस प्रकार की उत्तेजना से आप पर ऐसा प्रभाव आएगा? यदि ऐसा हुआ तो क्या आपको पता चलेगा?

उपर्युक्त स्थिति में अवनति घटित हुई। संदेश इकाइयाँ अब सचेत मन से प्रविष्ट नहीं होतीं, क्योंकि वे समर्पित हो गई हैं। इसलिए उनका विश्लेषण नहीं होना है। चूँकि संदेश इकाइयाँ अब विश्लेषण की प्रक्रिया से होकर नहीं गुजरतीं, अतः वे और अधिक प्रबल हो जाती हैं तथा उनके ढाँचे का हिस्सा बनने की अधिक संभावना होती है। कुछ क्षणों के

लिए इस विषय में सोचिए, और मैं शर्त लगाता हूँ कि आपको यह बात समझ में आएगी। अवचेतन मन का हिस्सा बनने से पहले जितनी ज्यादा देर तक सलाह या संदेश इकाइयाँ सचेत मन में रहती हैं, उतनी ही वे कमजोर हो जाती हैं। इसलिए इसका केवल यह अर्थ निकलता है कि अति क्रियाशील व्यक्ति आचरण परिवर्तन के प्रति अधिक प्रतिक्रियावादी होगा, चाहे परिवर्तन नकारात्मक कारणों (अनियंत्रित वातावरण) से हो या सकारात्मक कारणों (नियंत्रित वातावरण) से। संक्षेप में, अति क्रियाशीलता वह स्थिति या मस्तिष्क की अवस्था है, जिसमें व्यक्ति की प्रोग्रामिंग की अधिकतम संभावना होती है। यह स्वाभाविक है और ऐसा होगा। यह कब और कहाँ घटित होगा, यह आप पर निर्भर करता है या आप इसे स्वाभाविक रूप से भी घटित होने दे सकते हैं, जिसका अभिप्राय है कि आप प्रतिक्रियावादी, न कि अति प्रतिक्रियावादी कदम उठाते हैं। यह आप पर निर्भर करता है। जैसे-जैसे आप आगे पढ़ेंगे, आपको पता चलेगा कि उसे कैसे नियंत्रित करें, साथ-ही-साथ यह भी मालूम होगा कि ऐसी स्थिति कब घटित होती है।

यह कब और कहाँ घटित होगा, यह आप पर निर्भर करता है या आप इसे स्वाभाविक रूप से भी घटित होने दे सकते हैं, जिसका अभिप्राय है कि आप प्रतिक्रियावादी, न कि अति प्रतिक्रियावादी कदम उठाते हैं। यह आप पर निर्भर करता है। जैसे-जैसे आप आगे पढ़ेंगे, आपको पता चलेगा कि उसे कैसे नियंत्रित करें, साथ-ही-साथ यह भी मालूम होगा कि ऐसी स्थिति कब घटित होती है।

□

5

निम्नतम प्रतिरोधकता के रास्ते

किसी सजीव की तरह ही सलाह या विचार भी अपने अंतिम गंतव्य की ओर सीधा प्रस्थान करेगा। हमारे मामले में विचार या सलाह का अंतिम गंतव्य हमारा अवचेतन मन है। आमतौर पर सबसे सीधा रास्ता तो सचेत मन है, जो विश्लेषणात्मक विचार-क्षेत्र से होकर जाता है। मस्तिष्क की अति क्रियाशील अवस्था के निर्माण से ही विचार या सलाह को सीधे मस्तिष्क के अवचेतन क्षेत्र से होकर गुजरने की अनुमति मिलती है। इसलिए कोई भी आलोचनात्मक तर्क या विश्लेषण नहीं होता है। तब सबसे सीधा रास्ता ही अति क्रियाशील अवस्था बन जाता है। यह मस्तिष्क की वह अवस्था है, जिसमें हम अपने जीवन के हर दिन प्रवेश करते हैं। दुर्भाग्यवश, यह प्राय: नियंत्रित या परिचित वातावरण में नहीं होता है। आशा है कि इस पुस्तक को पढ़ने के बाद आपकी यह धारणा बदल जाएगी।

आदत एवं आचरण

हमारी आदतें एवं हमारा आचरण ही यह निर्धारित करता है कि हम जीवन में सफल होंगे या असफल। यह प्रक्रिया तब होती है, जब या तो सफलता या असफलता एक संबंध है, आदत है या कॅरियर है। इन सबके अलावा और भी बहुत कुछ प्रोग्रामिंग प्रक्रिया द्वारा हमने जो कुछ

भी सीखा है, उसी का परिणाम है। इसलिए यह पूर्णत: हमारे द्वारा प्राप्त संदेशों के माध्यम से ही प्राप्त होता है।

हमारा अवचेतन मन एक प्रोग्रामिंग प्रक्रिया द्वारा ही विकसित हुआ है, जिसका आरंभ जन्म के साथ ही हुआ है और यह पूरे जीवनकाल तक चलता रहता है। हम निरंतर सीखते रहते हैं, चाहे अपनी गलतियों से या अपनी असफलताओं से। लोगों का यह विश्वास है कि सीखने की यह प्रक्रिया तभी रुकती है, जब हम मर जाते हैं। सीखने की प्रक्रिया पर नियंत्रण ही सफलता की कुंजी है। सीखना एक ऐसी प्रक्रिया है, जिसकी गति को हम अपने अवचेतन मन पर अपनी सीधी पहुँच प्राप्त करके बढ़ा सकते हैं। सम्मोहन सीधी पहुँच प्राप्त करने की एक युक्ति या माध्यम बन सकता है, जिसके द्वारा हम अपने आचरण पर नियंत्रण प्राप्त कर सकते हैं तथा इस प्रकार हम अपने आचरण-परिवर्तन की ओर अति सक्रिय कदम उठा सकते हैं।

सम्मोहन आपको ऐसे परिवेश में अति क्रियाशील अवस्था का निर्धारण करने में समर्थ बनाता है, जो आप द्वारा स्वयं के लिए निर्धारित मनोकामनाओं तथा उद्देश्यों की प्राप्ति के लिए सार्थक होता है। सम्मोहन एक ऐसी युक्ति है, जो मस्तिष्क के भीतर तक की आपकी पहुँच में आपको समर्थ बनाती है, ठीक उसी प्रकार जैसे दरवाजा मकान के भीतर आपको पहुँच उपलब्ध कराता है।

□

6
मस्तिष्क के सिद्धांत

मस्तिष्क के चार क्षेत्र हैं, जो किसी भी व्यक्ति के ऐसी अवस्था में पहुँचने से पहले प्रभावित होने चाहिए, जिसमें व्यक्ति संदेश इकाइयों की बौछार की स्थिति में अति क्रियाशील हो जाता है। ये चार क्षेत्र हैं—

सचेत मन

यह मस्तिष्क वह क्षेत्र है, जिसमें हमारी मनोकामनाएँ व्यवस्थित होती हैं। यह पूर्णतः तार्किक या विश्लेषणात्मक है। यह सलाह या विचारों के परिशोधन का काम करता है। यह घटनाओं या भावनाओं से संबंधित सूचनाएँ लगभग डेढ़ घंटे तक याद रख सकता है। यह क्षेत्र मस्तिष्क का लगभग 12 प्रतिशत होता है। यदि आचरण प्रोग्रामिंग को बस के रास्ते की तरह लें तो आचरण प्रोग्राम रास्ते के संबंध में सलाह पर चेतन मन पहला पड़ाव होगा।

मस्तिष्क का विश्लेषणात्मक विचार-क्षेत्र

वास्तव में, इसका एक क्षेत्र चेतन तथा दूसरा अवचेतन है। यह दोनों के बीच कड़ी का काम करता है। यह पिछले 24 घंटों में घटित घटनाओं या जब तक व्यक्ति जगा रहता है, तब तक घटित घटनाओं के संबंध में सूचनाओं को याद रख सकता है। जितनी ज्यादा देर तक सलाह इस

क्षेत्र में रुकती है, उतनी ही वह कमजोर होती जाती है। किसी भी समय यदि सलाह का सामना उस क्षण में व्यक्ति को क्या विश्वास करना है, के प्रोग्राम से होता है तो विश्लेषणात्मक विचार-क्षेत्र उस सलाह को निराकरण प्रक्रिया द्वारा विश्लेषणात्मक रूप से रद्द कर देगा। सलाह को यह कमजोर अवस्था में जाने या बिल्कुल ही नकार देने के लिए प्रेरित करेगा। विश्लेषणात्मक विचार-क्षेत्र दूसरा पड़ाव है, जो चेतन मन से भी बड़े परिशोधन का काम करता है। प्रायः सलाह जब मस्तिष्क के इस क्षेत्र से निकलती है तो वह आहत होता है।

उदाहरणार्थ, सारी जिंदगी भावनात्मक रूप से आहत रहनेवाली महिला को एक अच्छे आदमी से प्यार हो जाता है। जब तक उसके अवचेतन के दोबारा प्रोग्रामिंग द्वारा तरीके नहीं बदलते, वह उस व्यक्ति को अपनी स्थापित आदतों एवं व्यवहार के प्रतिकूल होने के कारण अंततः रद्द कर देगी। तब उसके मन में यह विचार आएगा कि वह उस अच्छे व्यक्ति के लायक खुद ही नहीं है। फिर वह सकारात्मक संबंध को खत्म करने का प्रयास करेगी और वापस उस नकारात्मक संबंध की ओर पलायन कर जाएगी, जिससे उसका सामना होता है। इस प्रक्रिया द्वारा उसे भावनात्मक रूप से आहत होने की उसकी आदत को पूरा करने में मदद मिलती है।

मस्तिष्क का अवचेतन स्मृति-क्षेत्र

यह मस्तिष्क का वह क्षेत्र है, जो स्मृतियों को आरंभ से वर्तमान तक, चाहे कमजोर या प्रबल, को सँजोए रखता है। यही मस्तिष्क वह क्षेत्र है, जो हमारे व्यक्तित्व को दरशाता है। यही हमारे आचरण, विचार तथा आदतों को संचालित करता है।

मस्तिष्क का यह क्षेत्र विशुद्ध प्रोग्रामिंग के परिणामस्वरूप विशुद्ध प्रेरणा है। यह क्षेत्र हर उस चीज को, जिसे हमने देखा, सोचा, सामना

किया, महसूस किया, स्पर्श किया, स्वाद लिया, सूँघा आदि—सब के लिए विशाल संग्रह का काम करता है। मस्तिष्क का यह क्षेत्र कुल मस्तिष्क का 88 प्रतिशत होता है तथा यह विशुद्ध प्रेरणा होता है। यही कारण है कि हम क्यों करते हैं, क्या करते हैं।

यदि मस्तिष्क के विश्लेषण क्षेत्र में बहुत सारी संदेश इकाइयाँ इकट्ठी हो जाएँ तो शरीर थकने लगेगा तथा व्यक्ति को नींद आने लगेगी, ताकि वह इतनी सारी संदेश इकाइयों से मुक्त हो पाए। मस्तिष्क अव्यवस्थित हो सकता है, जिससे व्यक्ति चिड़चिड़ा एवं परेशान हो जाता है। व्यक्ति को अपने दिन-प्रतिदिन के जीवन में जितना ज्यादा मानसिक आघात होता है, व्यक्ति को उतनी ही ज्यादा नींद आती है।

उदाहरणार्थ, कोई व्यक्ति धूम्रपान करना छोड़ना चाहता है (चेतन) और ऐसा करने का प्रयास भी करता है। कुछ अवसरों पर यह प्रयास सफल हो भी सकता है, लेकिन सफल होने के लिए मस्तिष्क के अवचेतन स्मृति-क्षेत्र की प्रायः दोबारा प्रोग्रामिंग करनी पड़ती है। जब तक दोबारा प्रोग्रामिंग का प्रयास नहीं किया जाता है और वह सफल नहीं होता, तब तक व्यक्ति धूम्रपान जारी रखने के लिए प्रेरित रहता है।

संक्षेप में, इस मामले में धूम्रपान एक भावनात्मक जरूरत है, जिसे व्यक्ति वर्तमान विकसित आचरण के तरीके के अनुरूप पूरा करना जरूरी महसूस करता है। इसलिए व्यक्ति धूम्रपान जारी रखता है। यद्यपि उसकी इच्छा (12 प्रतिशत) छोड़ने की है, पर उसकी प्रेरणा (88 प्रतिशत) भावनात्मक जरूरत को पूरा करने तथा निर्धारित तरीके पर चलने की है।

मस्तिष्क का अति प्राचीन क्षेत्र

मस्तिष्क के इस क्षेत्र में हमारी सभी जैविक विरासतें तथा हमारी प्रजाति की अति प्राचीन स्मृति, जो अब निष्क्रिय है, सम्मिलित है। इसके

अंतर्गत विकसित ज्ञान तथा रख-रखाव सम्मिलित हैं। यह तभी प्रतिक्रिया करता है, जब सक्रिय होता है। पिछली अवस्था में चला जाता है या तार्किक क्षमता से बाहर इसे चुनौती मिलती है। उदाहरणार्थ, लड़ने या भाग जाने की प्रतिक्रिया या चिल्लाने या प्रहार करने की उत्तेजना प्रायः एक बार सक्रिय हो जाए तो इसका परिणाम बिना तर्क या विश्लेषण के तीव्र प्रतिक्रिया के रूप में सामने आता है।

प्रक्रिया

यह आपके मस्तिष्क के भीतर ठीक एक फैक्टरी की तरह काम करता है। कल्पना कीजिए कि सामान्य दिनों की संदेश इकाइयाँ आपके चेतन मन में प्रवेश करती हैं, जहाँ वे लगभग डेढ़ घंटे तक रहती हैं। वहाँ से संदेश इकाइयाँ मस्तिष्क के नियंत्रित क्षेत्र या विश्लेषणात्मक विचार-क्षेत्र में चली जाती हैं, जहाँ वे एकत्र होती हैं और फिर वहाँ व्यक्ति के निर्धारित आचरण के तरीके के आधार पर कथित लाभ के परिप्रेक्ष्य में उनका विश्लेषण होता है। याद रखिए, मस्तिष्क का यह क्षेत्र चेतन मन एवं अवचेतन मन के बीच एक कड़ी का काम करता है। यह हमेशा ही एक जरूरत रहेगी, क्योंकि विकास-प्रक्रिया के दौरान हममें निरंतर आती सूचनाओं को व्यक्तित्व का हिस्सा बनने से पहले उनकेमूल्यांकन एवं विश्लेषण की जरूरत विकसित हो गई। प्रायः इस गलत तार्किक प्रक्रिया की नींद या सम्मोहन के माध्यम से उपेक्षा करना संभव है। ऐसे समय में सूचनाओं या संदेश इकाइयों के विश्लेषण के लिए कोई चेतन मन नहीं होता है।

यदि मस्तिष्क के विश्लेषण क्षेत्र में बहुत सारी संदेश इकाइयाँ इकट्ठी हो जाएँ तो शरीर थकने लगेगा तथा व्यक्ति को नींद आने लगेगी, ताकि वह इतनी सारी संदेश इकाइयों से मुक्त हो पाए। मस्तिष्क अव्यवस्थित हो सकता है, जिससे व्यक्ति चिड़चिड़ा एवं परेशान हो जाता है। व्यक्ति को अपने दिन-प्रतिदिन के जीवन में जितना ज्यादा मानसिक आघात होता है, व्यक्ति

को उतनी ही ज्यादा नींद आती है। बहुत सारे आघातों के कारण व्यक्ति को बहुत सोने की जरूरत महसूस होती है और इसकी संभावित परिणति अवसाद के रूप में होती है। अवसाद मस्तिष्क की नैदानिक अवस्था है, जो नकारात्मक अति सक्रियता की स्थिति का विस्तार कर देती है। अवसाद का एक चक्र बन जाता है, जिसमें अवसाद ही अवसाद का पोषण करता है। एक बार जब मनुष्य सोने जाता है तो एकत्र संदेश इकाइयाँ शीघ्र ही अवचेतन मन में छोड़ दी जाती हैं, जहाँ उनका विश्लेषण चलता रहता है तथा उस प्रोग्रामिंग के साथ उनका संघर्ष चलता रहता है, जो वर्तमान व्यवहार का हिस्सा है। विश्लेषण एवं संघर्ष की प्रक्रिया समाप्त होने के बाद कुछ संदेश इकाइयों को अवचेतन मन का हिस्सा बनने की अनुमति मिल जाती है और फिर वे सभी हमारी स्मृति में समा जाती हैं। वे इकाइयाँ, जो आचरण में बदलाव नहीं ला पातीं, वे स्वप्नों के माध्यम से बाहर निकल जाती हैं। जो आचरण को प्रभावित करती हैं, वे अंततः अवचेतन स्मृति तथा मस्तिष्क के आदिम क्षेत्र का हिस्सा बन जाती हैं। यहाँ वे आचरण तथा भविष्य की विचार-प्रक्रियाओं को प्रभावित करती हैं।

> *जब विश्लेषणात्मक एवं चेतन मन काम करना बंद कर देता है तो कोई विश्लेषण हो ही नहीं सकता और संदेश इकाइयाँ शीघ्र ही अवचेतन मन में चली जाती हैं। इस बिंदु पर सलाह सामान्य से ज्यादा शक्तिशाली होती है, क्योंकि पूछताछ की कमी के कारण समय बच जाता है। कभी-कभी इससे नकारात्मक आदतों का ढाँचा विकसित हो जाता है, जो बढ़ती नकारात्मक क्रियाशीलता को बढ़ाता है। इसकी परिणति प्रायः नकारात्मक आचरण के रूप में होती है।*

जब किसी व्यक्ति को अत्यधिक मात्रा में संदेश इकाइयाँ प्राप्त होती हैं और उसके लिए सो पाना या उससे बचना मुश्किल हो जाता है तो बढ़ती प्रतिक्रियाशीलता की अवस्था उत्पन्न होती है। बढ़ती प्रतिक्रियाशीलता

(अति सक्रियता) की अवस्था में प्राय: चिंताएँ भी आ जाती हैं या चिंता के रूप में उसका परिणाम सामने आता है। विश्लेषणात्मक विचार-क्षेत्र कम विश्लेषणात्मक हो जाता है (इस आक्रमण के परिणामस्वरूप), क्योंकि चेतन मन नींद के बहाने काम करना बंद कर देता है।

जब विश्लेषणात्मक एवं चेतन मन काम करना बंद कर देता है तो कोई विश्लेषण हो ही नहीं सकता और संदेश इकाइयाँ शीघ्र ही अवचेतन मन में चली जाती हैं। इस बिंदु पर सलाह सामान्य से ज्यादा शक्तिशाली होती है, क्योंकि पूछताछ की कमी के कारण समय बच जाता है। कभी-कभी इससे नकारात्मक आदतों का ढाँचा विकसित हो जाता है, जो बढ़ती नकारात्मक क्रियाशीलता को बढ़ाता है। इसकी परिणति प्राय: नकारात्मक आचरण के रूप में होती है। जैसा कि यह पहले भी कई बार कहा जा चुका है, यह व्यक्ति में प्राय: ज्ञान एवं चेतना की कमी के कारण होता है। उदाहरणार्थ, किसी करीबी मित्र की मृत्यु हो जाने पर कोई व्यक्ति अपनी अंगुली के नाखून काटने लगता है। इस दु:खद अनुभव ने उसके मस्तिष्क में संदेश इकाइयों का बोझ बना दिया, जिससे उस मस्तिष्क में अति क्रियाशीलता की स्थिति बन गई। इससे उस मस्तिष्क का अवचेतन स्मृति से सीधा संपर्क बन गया तथा आलोचनात्मक तार्किक प्रक्रिया से बाह्य पथ द्वारा संपर्क बन गया। नाखून का काटना व्यक्ति द्वारा उस पीड़ा को झेलने का एक तरीका था, जो बाद में उस व्यक्ति के लिए पीड़ा झेलने तथा उससे राहत पाने का एक तरीका बन जाता है और व्यक्ति उसे प्राय: करने लगता है।

सम्मोहन को एक युक्ति के रूप में प्रयोग करते हुए इस पूरी प्रक्रिया में केवल कुछ मिनटों का ही समय लगता है। ऐसा नियंत्रित वातावरण के कारण होता है। सम्मोहन एक बीमा पॉलिसी के रूप में काम करता है, जो यह सुनिश्चित करता है कि वांछित सलाह ही प्राप्त की जाए। कुछ मामलों में मस्तिष्क भाव विरेचन (झट, फड़कन आदि) माध्यम से किसी सलाह को निकालने का प्रयास कर सकता है तथा इसे शरीर के माध्यम से प्रकट करता है। फिर भी, नियंत्रित वातावरण में, जैसे सम्मोहन की स्थिति

में, भाव विरेचन की पहचान हो जाने के बाद इस सलाह को दोहराया जा सकता है। यदि सलाह को दोहराने के बाद भी कोई भाव विरेचन नहीं होता है तो बहुत संभव है कि वह सलाह अवचेतन स्मृति में चली जाती है, जहाँ वह उपयुक्त आचरण तैयार करने की नींव रखती है।

जब सचेतन मन निष्क्रिय अवस्था में रहता है, जैसे नींद में होता है तो यह कोई सलाह ग्रहण नहीं करता है। तब यह सलाह अवचेतन मन में चली जाती है और सपनों के रूप में प्रकट होती है। जैसा कि पहले भी बताया गया है कि सम्मोहन बहुत हद तक नींद की तरह है, जिसके द्वारा चेतन मन में उपमार्ग द्वारा पहुँचा जा सकता है। सम्मोहन की अवस्था में दी गई सलाह सामान्य सलाह से तीव्र होती है, क्योंकि इसे शोधन-प्रक्रिया से नहीं गुजरना पड़ता है। मुझे मालूम है कि आपको लगेगा कि एक ही बात बार-बार दुहराई जा रही है; लेकिन इस धारणा को समझना बहुत जरूरी है, इसलिए मेरी बात समझिए।

जब सचेतन मन निष्क्रिय अवस्था में रहता है, जैसे नींद में होता है तो यह कोई सलाह ग्रहण नहीं करता है। तब यह सलाह अवचेतन मन में चली जाती है और सपनों के रूप में प्रकट होती है। जैसा कि पहले भी बताया गया है कि सम्मोहन बहुत हद तक नींद की तरह है, जिसके द्वारा चेतन मन में उपमार्ग द्वारा पहुँचा जा सकता है।

किसी भी सलाह की सफलता इस बात पर निर्भर करती है कि उस सलाह को कैसे समझा गया है, जिस तरह यह चेतन मन से अवचेतन मन में जाती है। सलाह को किस प्रकार समझा गया है, इस बात का जवाब किस प्रकार सलाह स्थापित की गई, उस प्रक्रिया की अंतिम अवस्था में निहित है। अंतिम अवस्था तो नई सलाह के प्रदर्शन को समझना है, जैसा उस व्यक्ति ने उसे महसूस किया, तदनुरूप शारीरिक रूप से प्रतिक्रिया की।

□

7

विभिन्न विषय

'मैं सम्मोहित नहीं हो सकता हूँ।' 'यह मुझ पर काम नहीं करेगा।' ये कुछ एक प्रतिक्रियाएँ हैं, जो मैं लोगों को सम्मोहन समझाने में मदद करने के दौरान पूरे दिन सुनता हूँ। ठीक है, इससे बाहर आओ!

तथ्य यह है कि हर व्यक्ति अपने जीवन में कभी-न-कभी पहले ही सम्मोहित हो चुका है, चाहे यह किसी प्रमुख परीक्षा की तैयारी के दौरान हो, माता-पिता की डाँट के दौरान हो या रास्ते में गाड़ी चलाते हुए हो, मैं विश्वास से कहता हूँ कि आप सम्मोहित हुए हैं और अब अति प्रतिक्रियाशील अवस्था में आप इस शब्द से परिचित हैं।

कई चिकित्सक स्वयं से यह प्रश्न करते हैं कि हर व्यक्ति में सम्मोहन की गहराई में अंतर क्यों होता है? क्यों किसी व्यक्ति पर यह प्रभावी नहीं होता है और फिर किसी अन्य पर सही काम करता है? इस प्रश्न की सदियों से तर्कसंगत व्याख्या की गई, मूल्यांकन किया गया और इस संबंध में सिद्धांत प्रतिपादित किए गए।

सच यह है कि इसका उत्तर कुछ ही वर्ष पहले मिल पाया। विद्वानों, वैज्ञानिकों एवं चिकित्सकों की पीढ़ी ने व्यक्ति की क्रियाशीलता की अवस्था को तीन अलग-अलग अवस्थाओं में विभाजित किया है। इन्हें बेसुधि, निस्पंदवात तथा नींद में चलने की बीमारी से ग्रस्त मस्तिष्क की अवस्थाएँ कहते हैं। यदि सरल शब्दों में कहें तो इनका मस्तिष्क की

हलकी, मध्यम तथा भारी अवस्था के रूप में वर्णन किया जा सकता है। अब हमें यह मालूम है कि हममें से सभी इनमें से किसी एक श्रेणी में आएँगे। अभी तक शोधकर्ताओं का यह मानना था कि व्यक्ति जितनी गहराई में जाता है, सलाह की प्रतिक्रिया उतनी ही अच्छी होती है। इसलिए वास्तविकता यह है कि जो लोग इस बात पर अडिग रहते हैं कि वे कभी सम्मोहित नहीं हुए हैं (और चिकित्सक उनकी बातों से सहमत हो भी गए हों), वास्तव में वे सम्मोहित हो गए; लेकिन उन लोगों की तुलना में हलकी अवस्था में, जो गहरे रूप में सम्मोहित हुए।

कुछ लोगों का मानना है कि कुछ लोगों द्वारा सम्मोहन को अवचेतन जैसी अवस्था के रूप में चित्रित किया गया है, जब व्यक्ति को कुछ याद नहीं होता है और वह दूसरे उन व्यक्तियों के प्रति प्रतिक्रियाशील होता है, जो उन्हें प्रभावित करने की कोशिश करते हैं।

वास्तविकता में सम्मोहन अपने परिवेश के प्रति बढ़ती जागरूकता की अवस्था है। सुनने, सूँघने तथा अन्य इंद्रियों को भी अधिक सक्रिय किया जा सकता है; क्योंकि संक्षेप में, मस्तिष्क अपनी आदिम अवस्था में पहुँचा हुआ होता है, जबकि चेतन मन अधिक प्रभावी नहीं होता था। इसलिए इस प्रकार परिशोधक के रूप में काम नहीं करता था, जैसे वह अभी करता है।

चिकित्सकों एवं शोधकर्ताओं का विश्वास है कि व्यक्ति जितनी

चिकित्सकों एवं शोधकर्ताओं का विश्वास है कि व्यक्ति जितनी गहराई में जाएगा, सत्र उतना ही प्रभावशाली होगा। इस विचार के साथ उनका यह विश्वास है कि निस्पंदवात की अवस्था में बेसुधि की अवस्था से बेहतर परिणाम आता है, इसलिए यदि कोई व्यक्ति नींद में चलने की बीमारी से ग्रस्त अवस्था में पहुँच जाता है तो वह अन्य दो अवस्थाओंवाले व्यक्ति की तुलना में श्रेष्ठ परिणाम प्राप्त करेगा।

गहराई में जाएगा, सत्र उतना ही प्रभावशाली होगा। इस विचार के साथ उनका यह विश्वास है कि निस्पंदवात की अवस्था में बेसुधि की अवस्था से बेहतर परिणाम आता है, इसलिए यदि कोई व्यक्ति नींद में चलने की बीमारी से ग्रस्त अवस्था में पहुँच जाता है तो वह अन्य दो अवस्थाओंवाले व्यक्ति की तुलना में श्रेष्ठ परिणाम प्राप्त करेगा।

अभी तक हमें यह प्रमाणित नहीं हुआ है। हमने यह पाया है कि परिणाम शीघ्र नहीं आ सकता है; जैसे प्राय: नींद में चलने की बीमारी से ग्रस्त लोगों के साथ होता है (यद्यपि क्षणिक या थोपा गया हो), बल्कि परिणाम आने में देर लग सकती है। कई बार तो कई दिनों तक, जब परिणाम प्रकट हों तब। जब परिणाम विलंबित होता है, प्राय: बेसुध एवं निस्पंदित लोगों के साथ भी, तो परिणाम को प्राय: उन पर लागू नहीं किया जाता है। इस प्रकार बाद वाले दोनों का परिणाम अंतत: तुलनात्मक रूप से अच्छा होता है।

नींद की अवस्था में चलने की बीमारी से ग्रस्तता मीडिया द्वारा प्रस्तुत सम्मोहन का ग्रहण बोध है; लेकिन बहुत थोड़े से लोग ही (5 प्रतिशत) बिना महत्त्वपूर्ण प्रयास के यह अवस्था प्राप्त कर सकते हैं। यह उस जनसंख्या का केवल 30 से 40 प्रतिशत भाग ही है, जो बेसुधि की अवस्था की श्रेणी में आते हैं, जो उस श्रेणी के लोगों का हिस्सा होते थे, जिन्हें कथित रूप से यह माना जाता था कि उन्हें सम्मोहित नहीं किया जा सकता है। ऐसे लोगों का इतना उच्च प्रतिशत होने के बावजूद, जो यह नहीं समझते हैं कि वे भी सम्मोहित किए जा सकते हैं, इसका केवल यही अभिप्राय है कि सम्मोहन के विषय में उनकी धारणा गलत बनेगी, यहाँ तक कि वे इसे नकार भी सकते हैं या इसकी क्षमताओं से डर भी सकते हैं, इसलिए कमजोर व्यक्तियों की अफवाह या गलत धारणा बनती है।

□

8
हम सभी समान नहीं हैं

यह उत्तेजना, जिसकी परिणति चेतनावस्था की बेसुध अवस्था के रूप में होती है, की व्युत्पत्ति मुख्यत: दो विभिन्न प्रकार के लोगों में अनेक प्रकार के उद्‍दीपन से होती है। इस धारणा की अनुभूति ने उन लोगों के लिए नए दरवाजे खोल दिए हैं, जिन्हें यह लगता है कि वे स्वयं को तथा अपनी क्षमताओं को अच्छी तरह समझना चाहते हैं।

दो विभिन्न प्रकार के लोग, जिनकी मैं यहाँ चर्चा कर रहा हूँ, उनके अनेक उपनाम दिए गए हैं; लेकिन वे, जो सर्वाधिक प्रभावशाली पाए गए हैं, वे हैं शारीरिक रूप से संवेदनशील एवं मानसिक रूप से संवेदनशील। साधारण शब्दों में कहें तो इसका अर्थ यह है कि उस प्रकार के व्यक्ति, जो शारीरिक उत्तेजना के प्रति प्रतिक्रिया करते हैं, जैसे उन्हें अपने चारों ओर के वातावरण के माध्यम से जो महसूस होता है, उन्हें शारीरिक रूप से प्रतिक्रियाशील की श्रेणी में वर्गीकृत किया जाता है; जबकि भावनात्मक रूप से प्रतिक्रियाशील व्यक्ति भावनात्मक स्तर पर जो कुछ भी समझ पाते हैं, उसके प्रति प्रतिक्रिया करते हैं, इसलिए वे तर्क के माध्यम से पर्यवेक्षण एवं विश्लेषण करते हैं तथा अनुमान के माध्यम से समझते हैं या उन्हें जो बताया जाता है, उसे समझकर वे व्यक्ति, जिन्हें भावनात्मक रूप से संवेदनशीलता की श्रेणी में रखा जाता है, वे प्राय: अपने विचारों में खोए रहते हैं और किसी संदेश के स्पष्ट अर्थ को समझने के बजाय

उसके अंतर्निहित अर्थों को समझने के प्रति अधिक रुचि लेते हैं।

अधिकांश लोग दोनों प्रकार की उत्तेजनाओं के प्रति किसी-न-किसी रूप में प्रतिक्रिया करते हैं। इस मामले में हमें सबसे अधिक प्रभावित करनेवाली उत्तेजना ही यह निर्धारित करती है कि हम किस प्रकार की प्रतिक्रियाशीलता की श्रेणी में वर्गीकृत किए जा सकते हैं। यहाँ यह बात महत्त्वपूर्ण है कि नींद में चलने की बीमारी से ग्रस्त व्यक्ति क्यों बेसुधि की गहरी अवस्था में पहुँच जाता है। इस संबंध में यह एक महत्त्वपूर्ण तथ्य है कि वह दोनों प्रकार की उत्तेजनाओं के प्रति समान रूप से प्रतिक्रिया करता है।

इस मामले में हमें सबसे अधिक प्रभावित करनेवाली उत्तेजना ही यह निर्धारित करती है कि हम किस प्रकार की प्रतिक्रियाशीलता की श्रेणी में वर्गीकृत किए जा सकते हैं। यहाँ यह बात महत्त्वपूर्ण है कि नींद में चलने की बीमारी से ग्रस्त व्यक्ति क्यों बेसुधि की गहरी अवस्था में पहुँच जाता है। इस संबंध में यह एक महत्त्वपूर्ण तथ्य है कि वह दोनों प्रकार की उत्तेजनाओं के प्रति समान रूप से प्रतिक्रिया करता है।

यदि आप इस पुस्तक में दी गई सूचनाओं के आधार पर कोई स्टेज शो करना चाहते हों या स्टेज सम्मोहक के रूप में शो प्रस्तुत करना चाहते हों तो यही उस व्यक्ति की श्रेणी है, जिसे आप पहचानना सीखेंगे तथा स्टेज पर एक मूर्ख व्यक्ति की तरह स्वाँग करेंगे। उस व्यक्ति को कभी यह अहसास नहीं होगा कि वह मूर्ख है; बल्कि वह सहज रूप से यह स्वाँग करेगा, मानो वह वैसा ही है। याद रखिए, यहाँ सचेत तर्क की उपेक्षा कर दी गई है।

तुलनात्मक रूप से ऐसे व्यक्ति कम ही होते हैं; लेकिन ऐसी स्थिति बिना किसी अभ्यास के समय के साथ किसी के साथ भी विकसित हो सकती है। यह ध्यान रहे कि स्वैच्छिक आचरण परिवर्तन प्रक्रिया का

संतोषजनक परिणाम प्राप्त करने के लिए यह कोई आवश्यकता नहीं है, बल्कि यह एक प्रकार की बाधा ही है।

इन दो श्रेणियों के अलावा भावनात्मक रूप से संवेदनशील व्यक्तियों की एक उपश्रेणी भी है। इस श्रेणी के लोगों को बौद्धिक एवं भावनात्मक रूप से क्रियाशील कहा जाता है तथा यह समस्त जनसंख्या का बहुत छोटा हिस्सा होता है। बौद्धिक एवं भावनात्मक रूप से संवेदनशील की श्रेणी में वे लोग आते हैं, जो आपको सबसे ज्यादा परेशान करते हैं, जब आप उन्हें कुछ भी समझाने की कोशिश करते हैं। उदाहरण के लिए, यदि आप उनसे यह कहते हैं कि आप तनावमुक्त एवं शांति से रहिए तो वे आपसे पूछेंगे कि उन्हें तनावमुक्त क्यों रहना चाहिए? यदि आप उनसे कहते हैं कि आकाश का रंग नीला है तो वे आपसे पूछेंगे कि किस प्रकार का नीला है, क्योंकि नीले रंग कई तरह के होते हैं। वह एक ऐसा व्यक्ति है, जो सुनिश्चितता में विश्वास करता है। ऐसे व्यक्तियों तक प्राय: अनुमानित सलाह के माध्यम से पहुँचा जा सकता है, जो तर्क की सहायता से उन्हें समझाया गया है कि अमुक सलाह उनके लिए क्यों कारगर होगी। सबसे अच्छा तो यह है कि उस व्यक्ति को यह विश्वास करने दिया जाए कि उसने सलाह के प्रति विचार विकसित किए हैं। इस पुस्तक के परिप्रेक्ष्य में हम बौद्धिक एवं भावनात्मक रूप में संवेदनशील व्यक्ति पर भावनात्मक

बौद्धिक एवं भावनात्मक रूप से संवेदनशील की श्रेणी में वे लोग आते हैं, जो आपको सबसे ज्यादा परेशान करते हैं, जब आप उन्हें कुछ भी समझाने की कोशिश करते हैं। उदाहरण के लिए, यदि आप उनसे यह कहते हैं कि आप तनावमुक्त एवं शांति से रहिए तो वे आपसे पूछेंगे कि उन्हें तनावमुक्त क्यों रहना चाहिए? यदि आप उनसे कहते हैं कि आकाश का रंग नीला है तो वे आपसे पूछेंगे कि किस प्रकार का नीला है, क्योंकि नीले रंग कई तरह के होते हैं।

रूप से अति क्रियाशील के रूप में विचार करेंगे।

विश्व में केवल उत्तेजना के प्रति प्रतिक्रिया करनेवाले व्यक्ति ही पहचाने जाते थे, क्योंकि उनकी प्रतिक्रिया तत्काल होती थी। दूसरे शब्दों में, यदि शारीरिक रूप से संवेदनशील व्यक्ति को कोई सलाह दी जाती थी तो वे उसके प्रति शारीरिक रूप से प्रतिक्रिया करते थे तथा उसके बारे में सोचते बाद में थे। भावनात्मकता की धारणा के बारे में सोचा भी नहीं गया था और यह विश्वास किया जाता था कि कोई भी उस गहराई को प्राप्त नहीं कर सका, जो परिणाम के लिए आवश्यक थी।

हाल में ही यह पता चला कि भावनात्मक रूप से संवेदनशील व्यक्ति भावनात्मक आचरण को प्रभावित करनेवाली सलाह के प्रति उतनी ही सघनता से प्रतिक्रिया करेंगे, जितनी शारीरिक रूप से संवेदनशील व्यक्ति और उनका भौतिक शरीर करता है। भावनात्मक रूप से संवेदनशील व्यक्तियों में देर से शारीरिक प्रतिक्रिया सामान्य बात है, इसलिए प्राय: यह इतना स्पष्ट नहीं होता है कि व्यक्ति अतिप्रतिक्रियाशील अवस्था में है। यह निश्चित रूप से उस व्यक्ति के सामान्य विश्वास की पुष्टि करता है कि वह प्रथम दृष्टि में सम्मोहित नहीं था, बल्कि वास्तव में तनावमुक्त ही था। ठीक है, उनके लिए जो भी कारगर हो। मैं प्राय: उन्हें यह प्रदर्शित करने की चुनौती दूँगा कि वे वास्तव में एक प्रतिक्रियाशील अवस्था में हैं। हो सकता है, उसे उनके सामने साबित करने के लिए मुझे कुछ चुनौती भी पेश करनी पड़ेगी। उन

> *भावनात्मक रूप से संवेदनशील व्यक्तियों में देर से शारीरिक प्रतिक्रिया सामान्य बात है, इसलिए प्राय: यह इतना स्पष्ट नहीं होता है कि व्यक्ति अतिप्रतिक्रियाशील अवस्था में है। यह निश्चित रूप से उस व्यक्ति के सामान्य विश्वास की पुष्टि करता है कि वह प्रथम दृष्टि में सम्मोहित नहीं था, बल्कि वास्तव में तनावमुक्त ही था।*

चुनौतियों से मैं बाद में निपट लूँगा।

हाल ही में पता चली भावनात्मक प्रतिक्रियाशीलता के प्रति नई समझ ने हम पेशेवर लोगों के सम्मोहन के प्रति दृष्टिकोण को विस्तारित किया है, इसलिए आचरण परिवर्तन प्रक्रिया जैसे क्षेत्रों का अभ्युदय हुआ। भावनात्मक रूप से संवेदनशील व्यक्तियों को समझने के कारण ही हमें सभी व्यक्तियों की प्रतिक्रियाओं को समझने एवं काम करने में समर्थ बनाया है। यह एक समझ थी, जो सिर्फ एक पीढ़ी पहले तक मनोवैज्ञानिकों के समुदाय के सामने एक रहस्य थी।

हमने अपने नवविकसित ज्ञान के आधार पर यह निष्कर्ष निकाला है कि प्रायः अनुमानित सलाहों, जैसे—स्वराघात, विभक्ति तथा बॉडी लैंग्वेज का शारीरिक सलाह संयोजन में उपयोग करना बेहतर होता है और तब तर्क के आधार पर उन सलाहों की पुष्टि करना कि यह किस प्रकार काम करेंगी। इसके अंतर्गत सकारात्मक परिवर्तन परिदृश्य में आवश्यक सभी पहलू सम्मिलित हैं। चाहे शारीरिक रूप से संवेदनशील व्यक्ति के लिए हो या भावनात्मक रूप से संवेदनशील के लिए हो, क्योंकि भावनात्मक रूप से संवेदनशील व्यक्ति शारीरिक उत्तेजनाओं के प्रति शीघ्र सामान्य प्रतिक्रिया करते हैं, शारीरिक रूप से संवेदनशील व्यक्ति उन उत्तेजनाओं के प्रति प्रतिक्रियाशील तो होते हैं, जिनके प्रति भावनात्मक रूप से संवेदनशील व्यक्ति होते हैं। दूसरे शब्दों में, शारीरिक रूप से संवेदनशील

सम्मोहन चिकित्सा एवं परिवर्तन प्रक्रिया में प्रायः भावनात्मक रूप से संवेदनशील व्यक्तियों के अच्छे परिणाम आते हैं। तर्क बिल्कुल सरल है। आचरण परिवर्तन मस्तिष्क के लिए अधिक उपयुक्त होता है, न कि शरीर के लिए। भावनात्मक रूप से संवेदनशील व्यक्ति विचारशील अधिक होते हैं और इसलिए मस्तिष्क की ओर अधिक केंद्रित होते हैं।

व्यक्ति दोनों प्रकार की उत्तेजनाओं के प्रति प्रतिक्रियाशील होते हैं।

अब तक इस पुस्तक को पढ़कर अपने विश्लेषण के आधार पर आपने यह निष्कर्ष निकाला होगा कि शारीरिक रूप से संवेदनशील व्यक्ति सम्मोहन के लिए अधिक उपयुक्त होंगे, यदि सिर्फ इसलिए कि वे प्रायः सलाहों के प्रति कम-से-कम, शारीरिक रूप से ही, जल्दी प्रतिक्रिया करते हैं। जो भी हो, आपका निष्कर्ष गलत होगा। सम्मोहन चिकित्सा एवं परिवर्तन प्रक्रिया में प्रायः भावनात्मक रूप से संवेदनशील व्यक्तियों के अच्छे परिणाम आते हैं। तर्क बिल्कुल सरल है। आचरण परिवर्तन मस्तिष्क के लिए अधिक उपयुक्त होता है, न कि शरीर के लिए। भावनात्मक रूप से संवेदनशील व्यक्ति विचारशील अधिक होते हैं और इसलिए मस्तिष्क की ओर अधिक केंद्रित होते हैं।

कभी-कभी व्यक्ति की शारीरिक समस्या भावनात्मक समस्या की सहज अभिव्यक्ति के रूप में प्रकट होती है। इस मामले में इसलिए यह आवश्यक है कि व्यक्ति का उपचार इस प्रकार किया जाना चाहिए, जो भावनात्मकता की जड़ तक पहुँचे। इसलिए मैं सलाह देता हूँ कि आचरण संबंधी ढाँचे में परिवर्तन लाने के लिए हम सभी प्रकार की उत्तेजनाओं का प्रयोग करते हैं।

□

9

हम अपनी प्रतिक्रियाशीलता कैसे विकसित करें

जैसाकि पहले बताया गया है कि किस प्रकार की उत्तेजना के प्रति व्यक्ति प्रतिक्रिया करता है, वही उसके प्रतिक्रियाशील व्यक्तित्व का निर्धारण करता है। यह प्रतिक्रियाशीलता प्राय: व्यक्ति द्वारा उसके पूरे जीवन में प्राप्त अनुभव का परिणाम होती है। कृपया यह याद रखिए कि प्रतिक्रियाशीलता एक तरीका है, जिसके माध्यम से व्यक्ति सीखता है। उसका आचरण उन काररवाइयों का फल होता है, जो उसने सीखने के निश्चित प्रोग्राम के प्रतिक्रियास्वरूप की हैं। आचरण पर यहाँ संक्षेप में चर्चा की जाएगी, क्योंकि यह यहाँ मुख्य मुद्दा नहीं है।

व्यक्ति स्वयं की सुरक्षा के लिए विकसित सुरक्षा तंत्र के आधार पर एक चरम सीमा या दूसरी चरम सीमा तक प्रतिक्रियाशील हो जाएगा। इन दोनों में से जो भी कमजोर समझा जाएगा, उसी अस्वीकृति से उत्पन्न होगा। व्यक्ति का प्रतिक्रियाशील व्यक्तित्व प्राय: जीवन के प्रथम आठ वर्षों के भीतर निर्मित होता है। यह नहीं कहा जा सकता है कि बाद में यह बदला नहीं जा सकता है; लेकिन किसी भी चीज को बदलने के लिए पहले उसे समझना जरूरी है।

भावनात्मक रूप से संवेदनशील व्यक्तियों की विशेषताएँ

शरीर की रक्षा के लिए निर्मित सुरक्षा तंत्र पर व्यक्ति की भावनात्मक क्रियाशीलता पर आधारित होती है। व्यक्ति शारीरिक स्पर्श या उत्तेजना को रोकने के लिए अपनी भावनाओं को लगभग ईंट की दीवार की तरह बाहर रख सकता है।

दूसरे शब्दों में, जब भावनात्मक रूप से संवेदनशील किसी व्यक्ति को प्राकृतिक स्थिति में रखा जाता है तो वह बेचैन हो जाता है, क्योंकि यह स्थिति शारीरिक संपर्क एवं प्रत्यक्ष चौकसी के माध्यम से उत्पन्न होती है और प्राय: इसके परिणामस्वरूप अवचेतन मन में पीड़ा उत्पन्न होती है।

जब भावनात्मक रूप से संवेदनशील किसी व्यक्ति को प्राकृतिक स्थिति में रखा जाता है तो वह बेचैन हो जाता है, क्योंकि यह स्थिति शारीरिक संपर्क एवं प्रत्यक्ष चौकसी के माध्यम से उत्पन्न होती है और प्राय: इसके परिणामस्वरूप अवचेतन मन में पीड़ा उत्पन्न होती है।

इस आक्रमण से बचने के लिए तब वह भय, शर्मिंदगी, क्रोध, शंका या भावनात्मक चिड़चिड़ेपन आदि के साथ प्रतिक्रिया करेगा। भावनात्मक रूप से संवेदनशील व्यक्ति प्राय: इस प्रकार के व्यक्ति होते हैं, जो अपनी लज्जा सीमा पर आसानी से प्रहार कर सकते हैं, जब ध्यान उनके व्यक्तिगत शरीर पर केंद्रित किया जाता है। यह विशिष्ट रूप से एक मामला है, क्योंकि यह शरीर ऐसी चीज है, जिस पर इतराते हुए प्राय: वह सहज महसूस नहीं करता है। भावनात्मक रूप से संवेदनशील व्यक्ति प्राय: अपनी रूपाकृति के प्रति छिद्रान्वेषी होते हैं।

भावनात्मक रूप से संवेदनशील व्यक्ति इस प्रकार के होते हैं, जो आपको अपने निकट आने की अनुमति देने से पहले आपको सही तरह जानना एवं विश्वास करना जरूरी समझते हैं। उनका संवाद-प्रक्रिया में विश्वास एक महत्त्वपूर्ण भाग होता है। भावनात्मक रूप से संवेदनशील

व्यक्ति अनुमान के आधार पर (लहजा, स्वराघात आदि) समझ लेते हैं, फिर भी कभी-कभी पूरी तरह से और सटीक बोलते हैं। ऐसे व्यक्ति बोलने की अपेक्षा सुनते ज्यादा हैं, क्योंकि वे आकर्षण का केद्र बनना नहीं चाहते हैं।

परिचर्चा के बाद भावनात्मक रूप से संवेदनशील व्यक्ति इस बात पर अडिग रहेंगे कि क्या कहा जा सकता था या क्या कहा जाना चाहिए।

परिचर्चा के बाद भावनात्मक रूप से संवेदनशील व्यक्ति इस बात पर अडिग रहेंगे कि क्या कहा जा सकता था या क्या कहा जाना चाहिए। भावनात्मक रूप से संवेदनशील व्यक्ति का जीवन में प्रमुख उद्‌देश्य यह होता है कि उन्हें अपने निश्चित क्षेत्र में सफलता मिले। उन्हें हमेशा गुप्त रूप से प्रशंसा प्राप्त करने की इच्छा होती है, लेकिन वे कभी भी श्रोताओं के बीच में सराहना किया जाना पसंद नहीं करते।

भावनात्मक रूप से संवेदनशील व्यक्ति का जीवन में प्रमुख उद्‌देश्य यह होता है कि उन्हें अपने निश्चित क्षेत्र में सफलता मिले। उन्हें हमेशा गुप्त रूप से प्रशंसा प्राप्त करने की इच्छा होती है, लेकिन वे कभी भी श्रोताओं के बीच में सराहना किया जाना पसंद नहीं करते।

भावनात्मक रूप से संवेदनशील व्यक्ति को प्राय: यौन क्रिया की तीव्र जरूरत नहीं होती, जब तक कि यह तनाव से मुक्ति के माध्यम के रूप में नहीं होती है। वे प्राय: इसे स्वीकृति के लिए आवश्यक भी नहीं मानते हैं। भावनात्मक रूप से संवेदनशील व्यक्ति के जीवन के इस पहलू का सहज अभिप्राय यह है कि वह प्रेम और काम-वासना में भेद करने में समर्थ है। इसलिए तनावमुक्ति के प्रयास के रूप में वे एक रात का यौन संबंध बनाने के प्रति अधिक उत्साहित होंगे, जिसमें संबंध भावना नहीं होती है।

भावनात्मक रूप से संवेदनशील व्यक्ति ऐसा कँरिअर ढूँढ़ना चाहते

हैं, जिसमें आमतौर पर दलीय भावना नहीं होती; बल्कि वे ऐसा कॅरिअर चाहते हैं, जहाँ सामाजिक संपर्क से वे स्वतंत्र हो सकते हैं। वे उस भेड़िए की तरह होते हैं, जो झुंड से भाग गया हो।

शारीरिक रूप से संवेदनशील व्यक्ति की विशेषताएँ

भावनात्मक रूप से संवेदनशील व्यक्ति के विपरीत शारीरिक रूप से संवेदनशील व्यक्ति अपनी भावनाओं की रक्षा के लिए अपने शरीर का प्रयोग एक सुरक्षा तंत्र के रूप में करते हैं। शारीरिक स्पर्श के प्रति वह सुखद प्रतिक्रिया करेगा; बल्कि उन्हें स्पर्श एवं निकटता की ज्यादा जरूरत होती है, ताकि वे अपने आस-पास के लोगों में स्वीकार्य अनुभव कर सकें। जबकि भावनात्मक रूप से संवेदन-शील अनुमानों को समझते हैं और सलाह की बुनियाद को भी। शारीरिक रूप से संवेदनशील शाब्दिक अर्थ या अंतिम परिणाम समझते हैं; पर यह ध्यान रखिए कि वे शारीरिक रूप से संवेदनशील अनुमानों को भी समझते हैं। वे उजड्ड हो सकते हैं, लेकिन प्रायः वे बहुत बातें करते हैं, ताकि दूसरों को यह समझा सकें कि वे क्या चाहते हैं।

शारीरिक रूप से संवेदनशील व्यक्ति दूसरों के विचारों की बहुत ज्यादा परवाह नहीं करते हैं। वे जब किसी को कुछ समझाने की कोशिश करते हैं तो अपने हाव-भाव एवं बातचीत में बहुत जोशीले होते हैं तथा परिचर्चा के दौरान किसी व्यक्ति के बहुत निकट होने के लिए प्रवृत्त होते हैं। उनके लिए बातचीत में आँखों का

शारीरिक रूप से संवेदनशील व्यक्ति दूसरों के विचारों की बहुत ज्यादा परवाह नहीं करते हैं। वे जब किसी को कुछ समझाने की कोशिश करते हैं तो अपने हाव-भाव एवं बातचीत में बहुत जोशीले होते हैं तथा परिचर्चा के दौरान किसी व्यक्ति के बहुत निकट होने के लिए प्रवृत्त होते हैं। उनके लिए बातचीत में आँखों का सीधा संपर्क बहुत महत्त्वपूर्ण होता है।

सीधा संपर्क बहुत महत्त्वपूर्ण होता है।

शारीरिक रूप से संवेदनशील व्यक्ति बातचीत के दौरान धीरे-धीरे खुल भी सकते हैं, क्योंकि वे प्राय: यह सोचने में व्यस्त रहते हैं कि अपनी बात पूरी कर लेनेवाले व्यक्ति केबाद वे क्या कहने जा रहे हैं। इस कारण शारीरिक रूप से संवेदनशील व्यक्ति अच्छे वार्त्ताकार हो सकते हैं, लेकिन संचारक नहीं हो सकते हैं, क्योंकि वे हमेशा अच्छे श्रोता नहीं होते हैं।

प्राय: शारीरिक रूप से संवेदनशील व्यक्ति के लिए यह समझना कठिन होता है कि दूसरे व्यक्ति भावनात्मक रूप से कैसा महसूस करते हैं, क्योंकि वह हमेशा इस बात में तल्लीन रहता है कि वह शारीरिक रूप से कैसा महसूस करता है। जब उसे यह विश्वास हो जाता है कि उसे सामाजिक स्तर पर स्वीकार कर लिया गया है, तभी वह अपने सुरक्षा-तंत्र का बहिष्कार करेगा और इस प्रकार वह भावनात्मक स्तर पर खुलेगा।

शारीरिक रूप से संवेदनशील व्यक्ति अनुमानों केआधार पर बोलते हैं तथा उनमें किसी बात को विस्तार से बताने की प्रवृत्ति होती है; जबकि वह यथाशब्द समझता है। शारीरिक रूप से संवेदनशील इस प्रकार के होते हैं कि उन्हें आकर्षण, प्रशंसा तथा परिचर्चा का विषय बनना पसंद होता है। आप इस प्रकार केव्यक्ति को दलीय खेल तथा ऐसी नौकरियों में पाएँगे, जिसमें सामाजिक अंत:क्रिया की ज्यादा जरूरत होती है। प्राय: उनकी प्राथमिकता सफल संबंध होता है, जिसे वे प्राय: सफल यौन संबंध के साथ जोड़कर देखते हैं। शारीरिक रूप से संवेदनशील व्यक्ति में एक रात केसंबंध की प्रवृत्ति उतनी नहीं होती है, जितनी भावनात्मक रूप से संवेदनशील व्यक्तियों में होती है, क्योंकि उसकेलिए प्यार को यौन क्रिया से अलग करके देखना कठिन होता है।

□

10

समझने के तरीके

अभी तक तो मैंने दो विशिष्ट रूप से भिन्न क्रियाशीलताओं के अंतर को विस्तार से समझा दिया है। दिन-प्रतिदिन के संवाद में इसकी व्याख्या किस प्रकार होती है। और यह एक महत्त्वपूर्ण समझ हो सकती है, इसकी चर्चा हम आगे करेंगे।

भावनात्मक तथा शारीरिक रूप से संवेदनशील व्यक्तियों के उपर्युक्त विवरण से यह प्रदर्शित होना चाहिए कि एक आदमी के न सिर्फ बोलने, बल्कि उसके समझने में भी काफी अंतर होता है। इस तथ्य के अलावा अंतर कि कोई शुक्र तो कोई मंगल से संबंधित हो सकता है। शारीरिक रूप से संवेदनशील व्यक्तियों में अपने प्रतिरूप भावनात्मक रूप से संवेदनशील व्यक्ति की तुलना में अधिक बात करने की प्रवृत्ति होती है, जबकि भावनात्मक रूप से संवेदनशील व्यक्ति शारीरिक रूप से संवेदनशील की तुलना में सुनना बहुत ज्यादा पसंद करते हैं।

मेरा अभिप्राय यह है कि जब एक व्यक्ति बात करे तो दूसरे को सुनना चाहिए। यह एक अच्छी बात है। क्या आप सहमत नहीं हैं? यद्यपि यह एक आदर्श स्थिति लगती है, तथापि दुर्भाग्यवश प्रायः ऐसा होता नहीं है। भावनात्मक रूप से संवेदनशील व्यक्ति को यह लगता है कि वह कुंठाग्रस्त होता जा रहा है; क्योंकि भावनात्मक सुरक्षा उसे तब तक अभिव्यक्त नहीं करने देगी, जब तक वह भावनात्मक रूप से ऐसा करने

के लिए तैयार न हो जाए। उसी प्रकार, भावनात्मक रूप से संवेदनशील व्यक्ति शारीरिक रूप से संवेदनशील व्यक्ति की निकटता एवं निरंतर आँखों के संपर्क के कारण शायद असहज महसूस करेंगे, जो सिर्फ वही करता है, जो स्वाभाविक रूप से उसे लगता है और इस प्रकार संबंध बनाने का प्रयास करता है। तब भावनात्मक रूप से संवेदनशील व्यक्ति को यह लगता है कि शारीरिक रूप से संवेदनशील व्यक्ति उसे नहीं समझ पाएगा; क्योंकि वह तो लगातार बातें करता रहता है। भावनात्मक रूप से संवेदनशील व्यक्ति में यह भावना उसे भावनात्मक स्तर पर और भी सीमित कर देगी, जहाँ वह संवाद-प्रक्रिया के शुरू होने से पहले था।

लगभग इसी समय शारीरिक रूप से संवेदनशील व्यक्ति यह महसूस करने लगता है कि उसे स्वीकारा नहीं जा रहा है और फिर वह अधिक आक्रामकता एवं उत्साह के साथ बातचीत जारी रखेगा, ताकि उसे उसके परिहार्य स्तर की स्वीकार्यता मिल जाए। यह ध्यान रखें कि यह स्वीकार्यता निश्चित स्तर की भावनात्मक संतृप्ति प्राप्त कर सके। अंततः यह दोषपूर्ण संवाद-भंग या समझ की कमी सामाजिक परिवेश या संबंध में कई समस्याओं की जड़ बन जाती है।

लगभग इसी समय शारीरिक रूप से संवेदनशील व्यक्ति यह महसूस करने लगता है कि उसे स्वीकारा नहीं जा रहा है और फिर वह अधिक आक्रामकता एवं उत्साह के साथ बातचीत जारी रखेगा, ताकि उसे उसके परिहार्य स्तर की स्वीकार्यता मिल जाए। यह ध्यान रखें कि यह स्वीकार्यता निश्चित स्तर की भावनात्मक संतृप्ति प्राप्त कर सके।

मूलतः यह एक व्यक्ति (भावनात्मक रूप से संवेदनशील) के कारण होता है, जो बातचीत करना तो चाहता है, लेकिन उसे न तो खुद पर भरोसा होता है और न ही अपने सहभागी में विश्वास होता है, जो इसे प्रभावपूर्ण ढंग से कर सकता है; जबकि संवाद-प्रक्रिया के दूसरी

ओर एक दूसरा व्यक्ति है, जो बातचीत करना चाहता है, लेकिन दूसरे की खामोशी को स्वयं का नकारा जाना मानकर लगातार उसकी गलत व्याख्या करता है। अब इसे एक साधारण भावना के साथ जोड़कर इस प्रकार देख सकते हैं कि एक का संबंध मंगल से है तो दूसरे का शुक्र से और तब स्पष्ट रूप से संवाद-भंग होता है। एक ऐसा संवाद-भंग होता है, जिसे जब समझा नहीं जाता है तो इसकी परिणति दोषपूर्ण संबंध या संबंध की परिणति के रूप में होती है।

प्रायः यह सुना जाता है कि 'विपरीत लिंग' आकर्षित करता है। इसे और अधिक प्रभावी तरीके से समझने के लिए इस बिंदु की और अधिक गहराई से व्याख्या की जानी चाहिए। मूलतः शारीरिक रूप से संवेदनशील एवं मानसिक रूप से संवेदनशील—दोनों ही व्यक्ति अपने विपरीत लिंग का आकर्षण पाने की इच्छा करते हैं। इसका आशय यह है कि शारीरिक रूप से संवेदनशील व्यक्ति यह चाहते हैं कि उन्हें कथित रूप से बौद्धिक एवं सुननेवाले के रूप में देखा जाना चाहिए, जबकि भावनात्मक रूप से संवेदनशील व्यक्ति की इच्छा होती है कि उसे संवाद-प्रक्रिया में भरोसेमंद के रूप में देखा जाए। दोनों ही प्रकार की प्रतिक्रियाशीलता अवचेतन स्तर पर होती है। दोनों ही विपरीत को अधिक समझने की इच्छा करते हैं। इसलिए प्रायः वे अपने साथी या दोस्त में वह विपरीत तत्त्व ढूँढ़ते हुए स्वयं को पाते हैं।

प्रायः यह सुना जाता है कि 'विपरीत लिंग' आकर्षित करता है। इसे और अधिक प्रभावी तरीके से समझने के लिए इस बिंदु की और अधिक गहराई से व्याख्या की जानी चाहिए। मूलतः शारीरिक रूप से संवेदनशील एवं मानसिक रूप से संवेदनशील—दोनों ही व्यक्ति अपने विपरीत लिंग का आकर्षण पाने की इच्छा करते हैं।

दुर्भाग्यवश, यद्यपि कोई व्यक्ति अपना साथी ढूँढ़ लेता है, जो

अवचेतन प्रतिक्रियाशीलता के स्तर पर उसके विपरीत और उसे नियमित रूप से ऐसा साथी मिलता है। ये विपरीत लक्षण अंतत: एक विघ्न हैं। इसलिए ये संबंध की समाप्ति के कारण होते हैं। दूसरे शब्दों में, जो चीजें प्राय: दो व्यक्तियों को निकट लाती हैं, वे ही उन्हें दूर भी कर देती हैं। अपने साथी की संवाद-प्रक्रिया तथा विपरीत प्रतिक्रियाशीलता की सही समझ द्वारा इन सारी चीजों से बचा जा सकता है।

प्रतिक्रियाशीलता तथा व्यक्ति के बातचीत करने के तरीके की सही समझ न सिर्फ उपयोगी आचरण की परिवर्तन प्रक्रिया, बल्कि किसी भी सफल संबंध के लिए परम आवश्यक है। प्रत्येक सफल विवाह या व्यावसायिक संबंध समझ या कम-से-कम दूसरे संवादक को समझने के प्रयास का ही परिणाम होता है।

व्यक्ति स्वयं या कोई अन्य व्यक्ति सूचनाओं को किस तरह समझता है, इस बात की प्रबल समझ अत्यंत महत्त्वपूर्ण है, यदि आप अपना आचरण बदलना चाहते हैं या दूसरों को समझने में मदद कर रहे हैं या उनका आचरण बदलना चाहते हैं।

व्यक्ति स्वयं या कोई अन्य व्यक्ति सूचनाओं को किस तरह समझता है, इस बात की प्रबल समझ अत्यंत महत्त्वपूर्ण है, यदि आप अपना आचरण बदलना चाहते हैं या दूसरों को समझने में मदद कर रहे हैं या उनका आचरण बदलना चाहते हैं।

इस पुस्तक के अंत में जाँच का एक नमूना दिया गया है, जिसकी सहायता से आप यह पता लगा सकते हैं कि आप शारीरिक रूप से संवेदनशील की श्रेणी में आते हैं या मानसिक रूप से संवेदनशील की और आपकी प्रतिक्रियाशीलता किस हद तक प्रभावी है।

□

11

माता-पिता की भूमिका

ठीक है! अब तो आपको शारीरिक व मानसिक प्रतिक्रियाशीलता के बारे में थोड़ा-बहुत समझ आ ही गया है कि ये किस प्रकार संवाद-प्रक्रिया तथा हमारे आचरण एवं संबंध को प्रभावित करती हैं। अब आपको यह आश्चर्य लग रहा होगा कि आप वैसे कैसे बन गए। कोई बात नहीं, यदि आपको आश्चर्य नहीं भी हो रहा है, तब भी मैं आपको बताने जा रहा हूँ, क्योंकि यह मेरी पुस्तक है। जब आप पुस्तक लेखन करें तो आप इस भाग को छोड़ने का निर्णय कर सकते हैं।

जिस किसी ने भी सार्वजनिक भाषण का पाठ्यक्रम किया होगा, वह इस बात को प्रमाणित कर सकता है कि किसी भी अंतर्वैयक्तिक संदेश के तीन भिन्न घटक होते हैं। इन तीनों घटकों में से पहले घटक का संबंध रचनाकार द्वारा भेजे गए वास्तविक शाब्दिक संदेशों से होता है। दूसरे शब्दों में, इसे शब्दश: संदेश (शब्दकोशीय अर्थ) कह सकते हैं। यही वह भाग है, जो वास्तव में प्राप्तकर्ता द्वारा ग्रहण किया जाता है।

संदेश का दूसरा घटक प्रवर्तक द्वारा भेजा गया गैर-शाब्दिक घटक है। यह एक अनुमानित संदेश है, जो लहजा, शरीर के हाव-भाव, विभक्ति, अभिव्यक्ति इत्यादि द्वारा व्यक्त होता है। इसका उदाहरण यह हो सकता है कि किसी ने कहा, 'कितना अच्छा दिन है।' देखने में यह संदेश बिल्कुल आम-सा प्रतीत होता है। तब क्या हो सकता है, जब व्यक्ति कहता है

कि 'कितना अच्छा दिन है'; जबकि वह कुरसी पर कंधे झुकाए बैठा एवं चेहरे पर त्यौरियाँ चढ़ाए हुए कहता है। बहुत संभव है कि प्राप्तकर्ता यह समझेगा कि प्रवर्तन ने मजाकिया टिप्पणी की है।

संदेश का तीसरा घटक काफी हद तक प्राप्तकर्ता के ऊपर निर्भर करता है। प्राप्तकर्ता की मन:स्थिति किसी संदेश का तीसरा घटक है। दूसरे शब्दों में, यदि संदेश को प्राप्त करनेवाला अच्छे मूड में है तो बहुत संभव है कि संदेश भेजनेवाले को सकारात्मक रूप में स्वीकार करेगा। कई बार संप्रेषण में यह बहुत बड़ी समस्या बन जाती है, क्योंकि यह संदेश भेजनेवाले एवं प्राप्त करनेवाले के बीच गलतफहमी पैदा कर देती है। सोचो, कभी तुम्हारे साथ ऐसा हुआ है। किसी भी संबंध के संदर्भ में आपने कितनी बार यह कहा है, 'मेरे कहने का यह मतलब नहीं था।'

> *प्रतिक्रियाशीलता की इस प्रोग्रामिंग का सबसे महत्त्वपूर्ण समय शैशवावस्था से लेकर आठ वर्ष तक की उम्र का होता है। इस अवधि में बच्चे का मस्तिष्क लगभग उसी प्रकार काम करता है, जिस प्रकार एक स्पंज पानी को अवशोषित कर लेता है। इस बारे में बताने के लिए कोई विश्लेषणात्मक कौशल नहीं है, इसलिए सूचनाओं की प्रोग्रामिंग ढाँचे का भाग बनने से पहले किसी प्रकार का परिष्करण नहीं होता है, ठीक उसी प्रकार जैसे हम वयस्क मस्तिष्क की अति प्रतिक्रियाशील अवस्था में प्रवेश करते हैं।*

किसी वयस्क की प्रतिक्रियाशीलता या उसके संप्रेषण को समझने के ढंग के विषय में प्राय: उसके बचपन से लेकर उसके जीवन के वर्तमान बिंदु तक किस प्रकार संप्रेषण किया जाता रहा है, इसी आधार पर निश्चयपूर्वक कहा जा सकता है। प्रतिक्रियाशीलता की इस प्रोग्रामिंग का सबसे महत्त्वपूर्ण समय शैशवावस्था से लेकर आठ वर्ष तक की उम्र का होता है। इस अवधि में

बच्चे का मस्तिष्क लगभग उसी प्रकार काम करता है, जिस प्रकार एक स्पंज पानी को अवशोषित कर लेता है। इस बारे में बताने के लिए कोई विश्लेषणात्मक कौशल नहीं है, इसलिए सूचनाओं की प्रोग्रामिंग ढाँचे का भाग बनने से पहले किसी प्रकार का परिष्करण नहीं होता है, ठीक उसी प्रकार जैसे हम वयस्क मस्तिष्क की अति प्रतिक्रियाशील अवस्था में प्रवेश करते हैं। यह भी एक महत्त्वपूर्ण कारण है कि बच्चे सम्मोहन के लिए उपयुक्त व्यक्ति नहीं होते हैं। एक तरीके से वे पहले से सम्मोहित होते हैं।

शैशवावस्था से लगभग तीन वर्ष की उम्र तक बच्चा सामान्य परिस्थितियों में शारीरिक रूप से प्रतिक्रियाशील होता है। अधिकांश बच्चों में यही प्रवृत्ति रहती है; क्योंकि इन वर्षों में बच्चों का संसार, जो वह अनुभव एवं स्पर्श करता है, उसी पर आधारित होता है। बच्चों की अधिकांश समझ विशुद्ध रूप से पहचान और संगत होती है। अपनी दोनों ही शारीरिक एवं बौद्धिक स्तर की उत्सुकता को शांत करने के लिए बच्चा उस वस्तु तक पहुँचकर उसका स्पर्श करता है। बच्चे के जीवन के इसी काल में अन्य प्रकार और स्तर के संवाद का मजबूत आधार तैयार होता है। इस समय तक यह आलिंगन, मुसकराहट, चीख-पुकार की एक लंबी शृंखला रही है, जिसने उसकी प्राथमिक देखरेख करनेवालों से प्रतिक्रिया की याचना की है।

हाल के दिनों तक प्राथमिक देखभाल करनेवाली प्राय: माता ही रही है। दोहरी आय की आवश्यकता, दिन में देखभाल केद्र का आरंभ तथा निस्संदेह आया की शुरुआत से इसमें बदलाव आया है। दूसरे शब्दों में वे, जो पारिवारिक संरचना का हिस्सा नहीं रहे हैं, वे आधुनिक पीढ़ी की प्रतिक्रियाशीलता का निर्माण कर रहे हैं, कम-से-कम पहले की तुलना में कहीं अधिक।

आम तौर पर ढाई वर्ष की उम्र से बच्चे अधिक शब्दों के माध्यम से संवाद शुरू कर देते हैं। इससे बच्चे को शारीरिक प्रयोग से मदद मिलेगी,

क्योंकि अब उसके पास संवाद के अनेक साधन होते हैं। शारीरिक एवं भावनात्मक स्तर पर बच्चा अपनी प्राथमिक देखभाल करनेवाले (माँ) के प्रति अधिक लगाव महसूस करता है। प्राय: बच्चा माँ के आचरण की नकल करता है, क्योंकि वह अपने प्रति तथा दूसरों के प्रति उसके आचरण का अनुसरण करने का प्रयास करता है। यदि बच्चा यह देखता है कि उसका प्राथमिक रखवाला अपने शब्दों एवं आचरण में दृढ़ है तो बच्चे को इस विषय में किसी प्रकार का प्रश्न या विश्लेषण करने की जरूरत नहीं होगी। इसलिए अधिक संभावना है कि वह शारीरिक रूप से क्रियाशील बनेगा। दूसरी ओर, यदि बच्चा यह पाता है कि उसके प्राथमिक रखवाले की कथनी और करनी में अंतर है या अनुमानों से ऐसे संकेत मिलते हैं तो अधिक संभावना है कि बच्चा भावनात्मक रूप से संवेदनशील बनने की राह पर चलेगा।

बच्चे के लिए इसका सहज अभिप्राय यह है कि माँ के संवाद का और अधिक विश्लेषण करने की जरूरत नहीं है तथा उसे अंतर्निहित संवाद से स्वयं को बचाना नहीं है। इस समय तक बच्चा शाब्दिक सूचनाएँ स्वीकार करना सीख जाता है तथा उसने सुरक्षा की जरूरत का निर्माण नहीं किया है।

उपर्युक्त परिस्थिति के एक उदारहण के तौर पर यदि माँ स्नेह के शब्दों (शाब्दिक तत्त्व) का प्रयोग करती है तथा स्नेहयुक्त (गैर-शाब्दिक) बच्चे के साथ शाब्दिक संवाद करती है और बदले में अपनी शाब्दिक अभिव्यक्ति को दबाती नहीं है तो बच्चा यह समझेगा कि माँ जो कहती है, उसका अभिप्राय भी वही है। बच्चे के लिए इसका सहज अभिप्राय यह है कि माँ के संवाद का और अधिक विश्लेषण करने की जरूरत नहीं है तथा उसे अंतर्निहित संवाद से स्वयं को बचाना नहीं है। इस समय तक बच्चा शाब्दिक सूचनाएँ स्वीकार करना सीख जाता है तथा उसने सुरक्षा की जरूरत का निर्माण

नहीं किया है।

यह प्रक्रिया जारी रहती है और इसे प्राथमिक एवं द्वितीय रखवाले के बीच संवाद से बल मिलता है। यदि माँ पिता के साथ संवाद के इसी ढाँचे को जारी रखती है तो यह आचरण प्रभावी हो जाता है। अवचेतन रूप से बच्चा यह अनुमान लगाता है कि माँ अपनी संवाद-प्रक्रिया में विश्वसनीय है और एक बार फिर उसे किसी अन्य अर्थ के विश्लेषण की जरूरत नहीं पड़ती।

इस विस्तृत श्रेणी के दूसरी ओर बच्चे को संवाद के सार का आगे विश्लेषण करना पड़ेगा, यदि माँ शाब्दिक रूप से स्नेहात्मक है, लेकिन वह नितंब पर थप्पड़ मारकर या अपना मुँह बनाकर ऐसा करती है। यही मुद्दा है, क्योंकि माँ द्वारा भेजे गए दो संदेशों में विरोधाभास है। इस विरोधाभास के कारण बच्चा कहे गए शब्द के पीछे छिपा सही अर्थ जानने हेतु उसका और विश्लेषण करने के लिए प्रेरित होगा। नियमतः इस मामले में बच्चा मानसिक रूप से प्रतिक्रियाशील हो जाएगा, क्योंकि उसे यह पता चलता है कि संदेशों का सही सार प्राप्त करने के लिए उसे अनुमानों का अर्थ निकालना चाहिए। बच्चे को यह पता चलता है कि उसे अपने शरीर की रक्षा करने के लिए अपनी भावनाओं एवं विचारों का प्रयोग करना चाहिए।

इस विरोधाभास के कारण बच्चा कहे गए शब्द के पीछे छिपा सही अर्थ जानने हेतु उसका और विश्लेषण करने के लिए प्रेरित होगा। नियमतः इस मामले में बच्चा मानसिक रूप से प्रतिक्रियाशील हो जाएगा, क्योंकि उसे यह पता चलता है कि संदेशों का सही सार प्राप्त करने के लिए उसे अनुमानों का अर्थ निकालना चाहिए।

माँ का अनुशासनात्मक ढंग भी बच्चे पर गहरा प्रभाव डालता है और उसकी प्रतिक्रियाशीलता को मजबूत करता है। यदि वह बच्चे को

कुछ गलत करने के लिए डाँटती है, फिर थप्पड़ मारती है, उसके बाद बच्चे को प्यार करती है और सांत्वना देती है तो बच्चे को थप्पड़ मारना वास्तव में स्नेह लगेगा। समय के साथ बच्चे के अंदर पीड़ा के साथ जुड़ी क्षतिपूर्ति ढूँढ़ने की आदत पड़ जाएगी। शारीरिक स्पर्श से बच्चे को भावनात्मक जुड़ाव महसूस होगा तथा स्वीकृत अनुभव करने के लिए उसे इसकी जरूरत पड़ेगी। प्रायः इसी कारण बच्चा या वयस्क नकारात्मक संवाद के साथ अनुकूलता विकसित कर लेता है। वही अपनी धारणाओं के संबंध में अप्रिय नहीं सुनना चाहता है और इस प्रकार अपनी स्वीकृति की भावना को प्रभावित करता है।

शारीरिक रूप से प्रतिक्रियाशील निरंतर पुरस्कार की तलाश में रहता है, जो उसे शारीरिक क्षमता के माध्यम से प्राप्त हो, चाहे वह इनाम उसे सजा के बाद प्राप्त हो। साधारण शब्दों में, बच्चा ऐसा कुछ करेगा, ताकि उसे सजा मिले; क्योंकि वह मानता है कि सजा के बाद उसे स्नेह एवं स्वीकृति का पुरस्कार मिलेगा।

माँ भी शारीरिक प्रतिक्रियाशीलता को मजबूत कर सकती है, यदि वह बच्चे को दुलारने, आलिंगन करने आदि द्वारा शारीरिक ध्यान देना शुरू करती है और फिर किसी कारणवश वह ऐसा करना बंद कर देती है तथा शारीरिक स्तर पर उसे नकार देती है। इस स्थिति में बच्चा प्रायः निरंतर ध्यान की उस कमी को ढूँढ़ता रहेगा, जो कभी उसे मिला था।

माँ भी शारीरिक प्रतिक्रियाशीलता को मजबूत कर सकती है, यदि वह बच्चे को दुलारने, आलिंगन करने आदि द्वारा शारीरिक ध्यान देना शुरू करती है और फिर किसी कारणवश वह ऐसा करना बंद कर देती है तथा शारीरिक स्तर पर उसे नकार देती है। इस स्थिति में बच्चा प्रायः निरंतर ध्यान की उस कमी को ढूँढ़ता रहेगा, जो कभी उसे मिला था।

अब आपने देखा कि बच्चा कई कारणों से शारीरिक रूप से

प्रतिक्रियाशील बन सकता है। भावनात्मक रूप से संवेदनशील बच्चे के संबंध में भी यही कहा जा सकता है, हालाँकि प्रायः यह अनेक कारणों का सम्मिलित परिणाम होता है। सबसे बड़ा कारण यह है कि यदि प्राथमिक संरक्षक (माँ) बच्चे या पिता साथ अपने संवाद में अस्पष्ट होती है तो बच्चे पर इसका नकारात्मक प्रभाव पड़ता है; क्योंकि जब बच्चे को अपना बहुत ज्यादा समय उस संवाद को समझने में बिताना पड़ता है तो वह अपने संवाद को दबाने लगता है। यह दमन अति विश्लेषण के कारण होता है, जो इस हद तक होना चाहिए कि यह प्रयास के योग्य ही नहीं है। इस बिंदु पर आकर भावनात्मक रूप से प्रतिक्रियाशील बच्चे अपने संवाद कौशल में आत्मविश्वास खो देते हैं, इसलिए लज्जा के डर से वे बातचीत करने का प्रयास भी नहीं करते हैं।

अत्यधिक अंकुश रखनेवाली माँ, ऐसी माँ, जो अपने बच्चे को इतना वश में रखती है कि बच्चा शारीरिक स्पर्श के प्रति अप्रिय महसूस करता है तथा स्पर्श किए जाने से बचने लगता है। इस मामले में या ऐसे मामले में जहाँ बच्चे को किसी भी प्रकार का शारीरिक स्पर्श नहीं मिलता है तो स्पर्श के प्रति उसके मन में नकारात्मक भावना भर जाती है और स्पर्श की संभावना की स्थिति में वह नकारात्मक तरीके से प्रतिक्रिया करेगा।

ऐसी स्थिति में बच्चा अनुमानों या जो कुछ कहा जा रहा है, उसके पीछे छिपे वास्तविक अर्थ को समझने के प्रयास का कौशल विकसित करता है। ऐसा बच्चा संवादक के संदेश सार का निरंतर विश्लेषण करता रहता है, क्योंकि संवादक के शब्दों का वास्तविक अभिप्राय क्या है, इसी विचार को वह व्यवस्थित करता रहता है। इसके अलावा, उस बच्चे को हमेशा यह शंका बनी रहती है कि उसका प्राथमिक संरक्षक वास्तव में उसके लिए क्या सोचता है। इस प्रकार की असुरक्षा बाद के जीवन में वयस्क संबंधों में भी चली जाती है।

बच्चे के भावनात्मक रूप से प्रतिक्रियाशील होने के पीछे दूसरा कारण विपरीत चरम है। अत्यधिक अंकुश रखनेवाली माँ, ऐसी माँ, जो अपने बच्चे को इतना वश में रखती है कि बच्चा शारीरिक स्पर्श के प्रति अप्रिय महसूस करता है तथा स्पर्श किए जाने से बचने लगता है। इस मामले में या ऐसे मामले में जहाँ बच्चे को किसी भी प्रकार का शारीरिक स्पर्श नहीं मिलता है तो स्पर्श के प्रति उसके मन में नकारात्मक भावना भर जाती है और स्पर्श की संभावना की स्थिति में वह नकारात्मक तरीके से प्रतिक्रिया करेगा। स्पर्श की कमी वास्तव में उसके लिए एक पुरस्कार के समान है। ठीक उसी प्रकार स्पर्श की उपस्थिति शारीरिक रूप से प्रतिक्रियाशील व्यक्तियों के लिए होती है। प्रायः शारीरिक स्पर्श का विचार मात्र ही भावनात्मक रूप से प्रतिक्रियाशील बच्चे की भावनात्मक सुरक्षा को सक्रिय करने तथा भौतिक शरीर के प्रति उसकी भावनाओं का दमन करने के लिए पर्याप्त होते हैं। यदि वही बच्चा अपनी भावनाओं का इसी प्रकार दमन करता रहा तो बड़ा होकर वह भावनात्मक रूप से प्रतिक्रियाशील बन जाएगा।

जब तक बच्चे की औपचारिक शिक्षा शुरू होती है और वह अपनी उम्र के अन्य बच्चों के साथ बातचीत शुरू करता है, शारीरिक रूप से प्रतिक्रियाशील बच्चा अनुशासन की ओर प्रेरित होना सीख चुका होता है, ताकि वह इससे उबर सके; जबकि भावनात्मक रूप से प्रतिक्रियाशील बच्चा और अधिक अंतर्मुखी व एकांतप्रिय बनता जाता है, ताकि दूसरों के साथ शारीरिक संपर्क को रोक सके।

निश्चित रूप से, यदि संभव हो तो सुखद मार्ग ही आगे बढ़ने का रास्ता है। इसे सहज रूप से प्राप्त किया जा सकता है, यदि समान मात्रा में शारीरिक एवं भावनात्मक सृजन एवं पुरस्कार मिलता रहे। सुनने में तो आसान लगता है, है न! आमतौर पर

ऐसा होता नहीं है। यदि यह घटित होता भी है तो यह संयोगवश ही होता है, फिर भी यह प्राय: नहीं ही होता है। यदि कोई शारीरिक एवं भावनात्मक दोनों रूप से प्रतिक्रियाशील हो जाता है तो यह प्राय: दो चीजों से व्युत्पन्न होता है। संयत अनुशासन के साथ आश्वासन तथा प्यार या इस हद तक असंयत सजा कि इससे भ्रम उत्पन्न हो जाता है। दूसरे उदाहरण में बच्चा यदि अत्यधिक बेचैनी महसूस करता है तो वह अपने अनुभवों को छिपाना सीख जाएगा। ऐसी स्थिति में बच्चा इस प्रकार व्यवहार कर सकता है, ताकि उसे सजा मिले, उसे पीड़ारहित सुख का पता चल सके।

जब तक बच्चे की औपचारिक शिक्षा शुरू होती है और वह अपनी उम्र के अन्य बच्चों के साथ बातचीत शुरू करता है, शारीरिक रूप से प्रतिक्रियाशील बच्चा अनुशासन की ओर प्रेरित होना सीख चुका होता है, ताकि वह इससे उबर सके; जबकि भावनात्मक रूप से प्रतिक्रियाशील बच्चा और अधिक अंतर्मुखी व एकांतप्रिय बनता जाता है, ताकि दूसरों के साथ शारीरिक संपर्क को रोक सके। अधिकांश मामलों में शारीरिक रूप से प्रतिक्रियाशील व्यक्ति का आक्रामक आचरण भावनात्मक रूप से प्रतिक्रियाशील बच्चे को और अधिक अंतर्मुखी बना देता है। कुछ मामलों में भावनात्मक रूप से प्रतिक्रियाशील बच्चे शारीरिक रूप से प्रतिक्रियाशील बच्चे की आक्रामकता के साथ तालमेल बैठा लेते हैं और इस प्रकार शारीरिक प्रवृत्तियों को समाविष्ट कर लेते हैं।

जब बच्चा बड़ा होता है तो उसकी प्रतिक्रियाशीलता निरंतर परिवर्तित होती रहती है, यद्यपि मौलिक आधार हमेशा ही होता है। यह अन्य वातावरणीय प्रभावों के उसके संपर्क में आने के कारण होता है। जैसे-जैसे उसका परिवेश और लोग बदलते रहते हैं, उसके अनुसार व्यक्ति संवाद-प्रक्रियाओं को भी देखता है।

सम्मोहन व्यक्ति की प्रतिक्रियाशीलता तथा आचरण को समझने एवं बदलने का एक महत्त्वपूर्ण माध्यम है। यह सच है, क्योंकि सम्मोहन

सम्मोहन व्यक्ति की प्रतिक्रियाशीलता तथा आचरण को समझने एवं बदलने का एक महत्त्वपूर्ण माध्यम है। यह सच है, क्योंकि सम्मोहन मस्तिष्क की प्रतिगमन एवं अति प्रतिक्रियाशील अवस्था है। इस प्रतिगमन एवं प्रतिक्रियाशीलता के कारण व्यक्ति परिवर्तनों के प्रति सकारात्मक रुख रखता है, जब तक कि अवचेतन स्तर पर वह सलाह प्राप्तकर्ता को लाभदायक प्रतीत होती है।

मस्तिष्क की प्रतिगमन एवं अति प्रतिक्रियाशील अवस्था है। इस प्रतिगमन एवं प्रतिक्रियाशीलता के कारण व्यक्ति परिवर्तनों के प्रति सकारात्मक रुख रखता है, जब तक कि अवचेतन स्तर पर वह सलाह प्राप्तकर्ता को लाभदायक प्रतीत होती है।

संक्षेप में, शारीरिक रूप से प्रतिक्रियाशील व्यक्ति ही शारीरिक स्पर्श या ध्यान ढूँढ़ते रहते हैं, ताकि स्वयं को पूर्ण एवं संतुष्ट महसूस कर सके। शारीरिक रूप से प्रतिक्रियाशील व्यक्ति अपने शरीर का प्रयोग अपनी भावनाओं से सुरक्षा के लिए करेंगे। वह एक आक्रामक संवादक होने के साथ-साथ जोशपूर्ण भी होता है और बोलते समय आत्मविश्वास से पूर्ण रहता है।

भावनात्मक रूप से संवेदनशील व्यक्ति शारीरिक स्पर्श या निकटता की कमी या बचने के बहाने तलाशते रहते हैं और उसके लिए प्रायः वे भावनाओं का अवरोध बनाते हैं, ताकि शारीरिक आकर्षण का केंद्र बनने से स्वयं को बचा सके। इस प्रकार वे अपने शरीर से संबंधित चिंता की भावनाओं से बचने के लिए अपनी भावनाओं का प्रयोग सुरक्षा के रूप में करते हैं। उसे अपने लिए स्थान की आवश्यकता होती है। यदि उसका उल्लंघन होता है तो वे परेशान हो जाते हैं। भावनात्मक व्यक्ति डरपोक होते हैं। प्रायः वे एकांतप्रिय होते हैं और जब बातचीत में सम्मिलित होना पड़े तो उनमें आत्मविश्वास की कमी प्रतीत होती है।

दोनों ही विपरीत प्रतिक्रियाशीलता के प्रति आकर्षित होते हैं। दोनों ही अवचेतन रूप से विपरीत को ऐसे देखते हैं, जैसे वे चीजें उनके पास नहीं हैं और उन्हें स्वयं को पूर्ण करने के लिए उनकी जरूरत है। इस बात का अर्थ है कि शारीरिक रूप से प्रतिक्रियाशील को बात करने की जरूरत होती है, जबकि ऐसा लगता है कि भावनात्मक व्यक्ति अपेक्षाकृत सुनेंगे। शारीरिक रूप से प्रतिक्रियाशील व्यक्ति अनुमानों के आधार पर बातचीत करता है और शब्दश: समझता है; जबकि भावनात्मक व्यक्ति शब्दश: बोलता है, लेकिन अनुमानों के आधार पर समझता है। इसलिए यह प्रक्रिया दो विरोधियों के परस्पर आकर्षण का श्रेष्ठ उदाहरण है। यह आकर्षण लगभग छह माह तक बना रहता है। उसके बाद एक की सूक्ष्मता दूसरे के धैर्य को नष्ट करने लगती है। संबंध के लंबा एवं सफल होने के लिए शिक्षा और समझ का होना नितांत जरूरी है।

अब हमें पता चल गया कि किस प्रकार हमारा संवाद हमारे बच्चे की समझ को प्रभावित करता है। हमें यह स्वीकार करना चाहिए कि हमारे बच्चे का आचरण हमारे संवाद की उनकी समझ का ही नतीजा होता है। बच्चा इसी आधार पर कार्य करेगा या स्वयं को सीमित कर लेगा कि अपनी इच्छाओं की पूर्ति तथा अपनी बात दूसरों तक पहुँचाने के लिए संवाद का श्रेष्ठ रूप क्या है?

अब हमें पता चल गया कि किस प्रकार हमारा संवाद हमारे बच्चे की समझ को प्रभावित करता है। हमें यह स्वीकार करना चाहिए कि हमारे बच्चे का आचरण हमारे संवाद की उनकी समझ का ही नतीजा होता है। बच्चा इसी आधार पर कार्य करेगा या स्वयं को सीमित कर लेगा कि अपनी इच्छाओं की पूर्ति तथा अपनी बात दूसरों तक पहुँचाने के लिए संवाद का श्रेष्ठ रूप क्या है?

किसी भी बच्चे का आचरण (प्रतिक्रियाशीलता नहीं) प्राय: उसके

प्राथमिक एवं द्वितीयक संरक्षकों के बीच संवाद की समझ के आधार पर निर्धारित होता है। मैं समझता हूँ कि इस बिंदु तक मेरा अधिकांश वर्णन प्राथमिक संरक्षक पर ही केंद्रित रहा है। इसलिए आपके मन में यह प्रश्न आ सकता है कि द्वितीयक संरक्षक के विषय में इस संक्षिप्त परिचय का क्या आशय है। आज के समय में बच्चे के आचरण में उसकी क्या भूमिका है? संवाद के विपरीत आचरण मूलतः बच्चे की प्राथमिक संरक्षक द्वारा की गई देखभाल तथा उसकी द्वितीयक संरक्षक के साथ प्रतिस्पर्धा पर आधारित होता है। इससे मेरा अभिप्राय क्या है? कुछ क्षणों के लिए इस बारे में सोचिए।

> ***प्रायः बच्चा अवचेतन मन की प्रोग्रामिंग को तोड़ने के प्रयास में अनजाने में ही सामान्यतः अपनी प्रोग्रामिंग के ठीक विपरीत चला जाता है। वे प्रायः स्वयं को सुखद माध्यम में नहीं पाते हैं। प्रायः यह एक या दूसरा अतिशय होता है।***

जन्म से ही जब भी बच्चे को किसी चीज की जरूरत होती है तो वह चिल्लाता है और प्राथमिक संरक्षक दौड़ता हुआ आता है और उसकी जरूरत को पूरा करता है। अचानक ही द्वितीयक संरक्षक दृश्य में प्रकट होता है और शीघ्र ही प्राथमिक संरक्षक का ध्यान द्वितीयक संरक्षक पर केंद्रित हो जाता है।

इस बिंदु पर बच्चा प्राथमिक संरक्षक का ध्यान वापस अपनी ओर खींचने के लिए द्वितीयक संरक्षक के आचरण की नकल करने लगेगा। इसलिए किसी व्यक्ति के काम करने का तरीका उसकी प्राथमिक संरक्षक और द्वितीयक संरक्षक के बीच संबंध की समझ का परिणाम होता है, न कि वह उसे सीखता है।

जब बच्चे वयस्क होते हैं तो उन्हें भी वही चीज़ें आकर्षित करती हैं, जो उन द्वितीयक संरक्षकों को आकर्षित करती थीं—उनकी विपरीत चीजें। इसलिए आचरण का एक ढाँचा बन जाता है और यह आगे भी

जारी रहता है। यह ढाँचा सकारात्मक और नकारात्मक कुछ भी हो सकता है। कुछ क्षणों के लिए इस बारे में सोचिए। मैं शर्त लगाता हूँ कि यद्यपि आपके साथ संबंधों में सम्मिलित व्यक्ति भिन्न होते हैं, लेकिन उनकी विशेषताएँ बहुत समान या लगभग पूर्णत: विपरीत होती हैं।

प्राय: बच्चा अवचेतन मन की प्रोग्रामिंग को तोड़ने के प्रयास में अनजाने में ही सामान्यत: अपनी प्रोग्रामिंग के ठीक विपरीत चला जाता है। वे प्राय: स्वयं को सुखद माध्यम में नहीं पाते हैं। प्राय: यह एक या दूसरा अतिशय होता है।

बच्चा किस प्रकार सीखेगा, इसकी जिम्मेदारी प्राथमिक संरक्षक पर होती है; जबकि बच्चा किस प्रकार कार्य करेगा और समझेगा कि क्या सीखा है, यह द्वितीयक संरक्षक के तरीके एवं आचरण पर निर्भर करता है।

हमारा अहं हमें यह विश्वास करने से रोकता है कि हम किस श्रेणी में आते हैं; लेकिन हम किसी श्रेणी में तो आते ही हैं। अपने चारों ओर देखो तथा अपने पास के व्यक्ति को देखो। क्या वह संपर्क से बचता है? क्या वह आकर्षण का केंद्र बनना पसंद करता है? इस बारे में सोचो! स्पष्टत: विभिन्न प्रकार की प्रोग्रामिंग होती है। लेकिन यह देखिए कि क्या आप कोई लक्षण ढूँढ़ सकते हैं। यदि वह अंतर्मुखी है तो वह भावनात्मक है। यदि वह बहिर्मुखी है तो वह संभवत: शारीरिक रूप से प्रतिक्रियाशील है। यह जानने का एकमात्र सही तरीका यह है कि इसकी जाँच करो या लंबे समय तक यह पर्यवेक्षण करो।

□

12

आत्म-सम्मोहन

पीढ़ियों से लोगों का आत्म-सम्मोहन की धारणा के प्रति मूर्खतापूर्ण आचरण रहा है। इस विषय पर अनेक पुस्तकें भी लिखी जा चुकी हैं और अनेक तो निरंतर सबसे ज्यादा बिकनेवाली पुस्तकों की सूची में हैं। मैं आपको इस विषय पर आने से पहले यह समझाना चाहता था कि आप क्या सोचते हैं, क्यों सोचते हैं। अब, जबकि मैंने ये बातें समझा दी हैं और आशा है कि आपकी समझ में आ गया होगा कि हमारा मस्तिष्क किस तरह काम करता है और हमारे व्यवहार की प्रोग्रामिंग आरंभिक अवस्था में किस तरह शुरू होती है। अब आपके लिए यह सीखने का समय है कि अपने व्यवहार में किस प्रकार परिवर्तन लाएँ, जो आप नहीं चाहते हैं।

आत्म-सम्मोहन द्वारा व्यवहार-परिवर्तन अपेक्षाकृत एक आसान प्रक्रिया है और एक बार यदि आपको मालूम हो जाए कि कैसे करना है तो आसानी से किया जा सकता है। परंतु सबसे महत्त्वपूर्ण यह है कि आप उस परिवर्तन को स्वीकार करने के लिए तैयार हैं। कभी-कभी आपको यह लगता है कि आप इस बदलाव को स्वीकार करने के लिए तैयार हैं; लेकिन यह विश्वास तो सिर्फ चेतन स्तर पर ही होता है।

जैसाकि हम पहले भी वर्णन कर चुके हैं, चेतन मस्तिष्क का केवल 12 प्रतिशत ही है, जहाँ सम्मोहन सक्रिय होता है। हम चेतन मन

(इच्छा) का प्रयोग करते हैं, मस्तिष्क के 88 प्रतिशत भाग तक पहुँचने का एक रास्ता (सम्मोहन) खोलने के लिए, जो प्रेरणा (अवचेतन) के लिए उत्तरदायी होता है। इस सीधी पहुँच से अवचेतन प्रेरणा के ढाँचे को सामान्य से अधिक तेजी से बदलने की प्रेरणा मिलती है। इस प्रकार इसका आचरण पर प्रभाव पड़ता है।

इस अध्याय में उस प्रक्रिया पर और विस्तार से चर्चा करूँगा, जिसके द्वारा व्यक्ति स्वयं को सम्मोहित कर सकता है। इस समझ से व्यक्ति को अपने आचरण के नकारात्मक ढाँचे में परिवर्तन करने में अति सक्रिय भूमिका निभाने में सहायता मिलती है। नियंत्रित अति संवेदनशीलता, जिसका इस अध्याय में वर्णन किया जाएगा, इस दृष्टि से लाभदायक है कि वह आचरण परिवर्तन प्रक्रिया को छोटा एवं एकदम सही कर देती है। इस प्रकार, आदत बदलने के पारंपरिक तरीकों की तुलना में यह छोटा हो जाता है। प्रायः इसे मस्तिष्क में अंतर्निहित अवचेतन प्रेरणा ढाँचे पर नियंत्रण करना जरूरी होता है, जो इसे अपने स्थापित नियंत्रण के कारण छोड़ना नहीं चाहता है।

आत्म-सम्मोहन किस तरह काम करता है, यह बहुत रहस्यपूर्ण नहीं है, बल्कि वास्तव में यह बहुत सरल है। नियंत्रित अति संवेदनशील अवस्था के साथ ही व्यक्ति का सचेत ध्यान व्यक्ति को अपनी इच्छाओं को और सशक्त बनाने में समर्थ करते हैं। इस प्रचंडता के कारण लक्ष्य-प्राप्ति को और अधिक बल मिलता है। कई तरह से तो यह प्रार्थना की तरह है, सिवाय इस अंतर के कि प्रार्थना तो

आत्म-सम्मोहन किस तरह काम करता है, यह बहुत रहस्यपूर्ण नहीं है, बल्कि वास्तव में यह बहुत सरल है। नियंत्रित अति संवेदनशील अवस्था के साथ ही व्यक्ति का सचेत ध्यान व्यक्ति को अपनी इच्छाओं को और सशक्त बनाने में समर्थ करते हैं। इस प्रचंडता के कारण लक्ष्य-प्राप्ति को और अधिक बल मिलता है।

आप अपने आपसे ही करते हैं। आत्म-सम्मोहन तो एक अंतिम परिणाम पर ध्यान केंद्रित एवं सचेत प्रयास भर है। अंतिम परिणाम आचरण में परिवर्तन है, जो कि प्रायः अवचेतन मस्तिष्क के प्रेरणा ढाँचे का एक व्युत्पाद है। यदि आप तर्क के संदर्भ में इसे सोचते हैं तो यह चेतन एवं अवचेतन मन एक ही लक्ष्य की प्राप्ति के लिए किया जानेवाला सम्मिलित कार्य है। चिकित्सक द्वारा सम्मोहित किए जाने की तुलना में इसमें ज्यादा समय तो लगता ही है, क्योंकि इसमें बहुत ज्यादा सचेत मूल्यांकन होता है; लेकिन निश्चित रूप से बिल्कुल ही न किए जाने की तुलना में तो यह छोटा ही है।

□

13

आत्म-सम्मोहन की प्रक्रिया

यह सुनिश्चित करें कि प्रक्रियाओं की विभिन्न अंवस्थाओं से गुजरने से पहले आप किस लक्ष्य या इच्छा को प्राप्त करना चाहेंगे। हो सकता है कि उस स्थापित लक्ष्य के बारे में मस्तिष्क की सचेत अवस्था में सोचकर और लिखकर उस पर ध्यान केंद्रित करना लाभदायक हो।

एक आरामदायक कमरा ढूँढ़ें, जहाँ आपको एकांत मिल सके। अच्छा हो कि कमरे में अँधेरा हो। अपवाद-स्वरूप इसमें एक मोमबत्ती हो सकती है। अपने आपको आरामदायक स्थिति में स्थापित कर लो और उसी स्थिति में कम-से-कम दस मिनट तक बने रहो।

इस प्रक्रिया की शुरुआत अपने सामान्य रूप से अवचेतन श्वसन पैटर्न का सीधे-सीधे सचेत नियंत्रण द्वारा कीजिए। पूर्व निर्धारित संख्या में श्वास भीतर लेते समय अपने श्वसन पैटर्न पर ध्यान दीजिए। मैं श्वास भीतर लेते समय 9 और श्वास छोड़ते समय 7 गिनना पसंद करता हूँ। इस प्रक्रिया को तीन बार करो। तीसरी बार श्वास छोड़ने पर स्वयं को विश्राम के लिए छोड़ दो।

मैं चाहता हूँ कि आप विश्राम की अवस्था में यह परिकल्पना करें कि हर बार श्वास भीतर लेते समय एक रंग भी उनके भीतर प्रवेश करता है, तत्पश्चात् मैं चाहता हूँ कि हर बार श्वास छोड़ने के साथ ही वे तनाव, दर्द और चिंता की परिकल्पना करें।

आगे, आपको किसी साधारण चीज के बारे में सोचकर अपना मस्तिष्क साफ करना चाहिए। मैं अपने मस्तिष्क को साफ करने के लिए सफेद कागज के एक टुकड़े का प्रयोग करना चाहता हूँ।

अब अपना संकेंद्रित प्रयास अपने शरीर के विभिन्न भागों की ओर केंद्रित कीजिए। शुरुआत अपने पैर से कीजिए और इसे ऊपर अपने तथा नीचे अपनी पीठ तक कीजिए। उनकी उपस्थिति के प्रति सचेत हो जाइए। उनकी मांसपेशियों को कड़ा कीजिए और जब उस तनाव को मुक्त कीजिए तो शिथिलता का अनुभव कीजिए। यही प्रक्रिया शरीर के हर अंग के साथ अलग-अलग कीजिए।

आपको अपने आप ही कुछ परिवर्तनों का अनुभव होना शुरू हो जाएगा, क्योंकि शरीर स्वयं को विश्राम के लिए तैयार करता है। इन परिवर्तनों को साधारण सिर हिलाकर स्वीकार करना बहुत जरूरी है। प्रत्येक अवस्था को मूर्त रूप लेने में कुछ समय लगेगा, लेकिन वह होगी जरूर।

आपको श्वसन पैटर्न के बदलने का पता चलना शुरू हो जाएगा।

आपको यह अनुभव होगा कि आपका मुँह सूख गया तथा आपको निगलने की उत्तेजना महसूस होगी।

अंत में, आपको अनुभव होगा कि आपकी पलकों में खारिश हो रही है और पलकों के नीचे ही आपकी आँखें ऊपर जा रही हैं तथा घूम रही हैं।

अब अपना संकेंद्रित प्रयास अपने शरीर के विभिन्न भागों की ओर केंद्रित कीजिए। शुरुआत अपने पैर से कीजिए और इसे ऊपर अपने तथा नीचे अपनी पीठ तक कीजिए। उनकी उपस्थिति के प्रति सचेत हो जाइए। उनकी मांसपेशियों को कड़ा कीजिए और जब उस तनाव को मुक्त कीजिए तो शिथिलता का अनुभव कीजिए। यही प्रक्रिया शरीर के हर अंग के साथ अलग-अलग कीजिए।

अब अपना ध्यान इच्छित लक्ष्य पर केंद्रित कीजिए। अपने मन में

उस लक्ष्य के पूरा होने की कल्पना कीजिए।

स्वयं को एक ऐसे जीने पर होने की कल्पना कीजिए, जिसकी पाँच सीढ़ियाँ हैं। हर कदम आपको मस्तिष्क के सुदूर क्षेत्र में ले जाएगा। याद रखिए, आप नियंत्रण में हैं।

पहली सीढ़ी नीचे जाइए, जबकि स्वयं को इस विश्राम की अवस्था की गहराई में जाने दीजिए। अपने मस्तिष्क में इस छवि की कल्पना कीजिए। कल्पना कीजिए कि आपके भीतर अधिक शक्ति एवं आत्मविश्वास आ रहा है और आप अपना लक्ष्य प्राप्त कर लेंगे। फिर एक और सीढ़ी नीचे जाइए, आगे एक और, इसी तरह बढ़ते जाइए।

जब आप अंतिम सीढ़ी पर पहुँच जाइए तो अपने भीतर के सारे तनाव को मुक्त हो जाने दीजिए। सफलता की छवि पर ध्यान केंद्रित कीजिए और अपने भीतर उभरनेवाले विश्वास का अनुभव कीजिए। यहीं इस निम्नतम स्तर पर आप आगे जाने का निर्णय कर सकते हैं।

पहली सीढ़ी नीचे जाइए, जबकि स्वयं को इस विश्राम की अवस्था की गहराई में जाने दीजिए। अपने मस्तिष्क में इस छवि की कल्पना कीजिए। कल्पना कीजिए कि आपके भीतर अधिक शक्ति एवं आत्मविश्वास आ रहा है और आप अपना लक्ष्य प्राप्त कर लेंगे। फिर एक और सीढ़ी नीचे जाइए, आगे एक और, इसी तरह बढ़ते जाइए।

उपलब्धि की कल्पना कीजिए। अपनी सफलता की अनुभूति को अनुभव कीजिए। कुछ क्षण रुकिए और फिर आपने अपने मस्तिष्क में जो कुछ विकसित किया है, उस पर ध्यान केंद्रित कीजिए तथा उसका अनुभव कीजिए।

अब 0 से 5 तक की गिनती गिनिए। हर बार श्वास भीतर लेते हुए एक कदम उठाइए और उस श्वास को आत्मविश्वास एवं सकारात्मक सोच से जोड़िए। तनाव एवं विश्राम से जोड़कर रंगों की परिकल्पना

करना याद रखिए। विश्राम (रंग) को श्वास के रूप में अंदर खींचिए और तनाव व चिंता आदि (रंग) को श्वास के रूप में बाहर निकालिए।

जब आप 5 तक की गिनती पूरी कर लें तो स्वयं से कहिए, ''आँखें खुली और पूरी तरह जगी हैं।'' इसे दो बार बोलिए।

''सुनने में तो यह बिल्कुल आसान लगता है, है न?''

''ठीक है, यह है भी, बल्कि उतना आसान कि वास्तव में लोग प्रक्रिया ही भूल जाएँ। मैं सकारात्मक हूँ कि आपने यह अभिव्यक्ति सुनी है। यदि यह आसान है तो यह ऐसी कोई चीज नहीं है, जिसे किया जाना चाहिए।''

''सुनने में तो यह बिल्कुल आसान लगता है, है न?''
''ठीक है, यह है भी, बल्कि उतना आसान कि वास्तव में लोग प्रक्रिया ही भूल जाएँ। मैं सकारात्मक हूँ कि आपने यह अभिव्यक्ति सुनी है। यदि यह आसान है तो यह ऐसी कोई चीज नहीं है, जिसे किया जाना चाहिए।''

इस मामले में और अधिकांश मामलों में भी यह सिर्फ हमारी प्रोग्रामिंग के परिवर्तन केविरुद्ध एक लड़ाई है। दुर्भाग्यवश, एक समाज के रूप में हमने इस विश्वास को ग्रहण कर लिया है। कुछ सप्ताह तक बस, आप कोशिश कीजिए और यदि यह उपयोगी नहीं लगता है तो आप इसे रोक दीजिए और इस पुस्तक को या कुछ और जला दीजिए; लेकिन कम-से-कम आप यह तो कह सकते हैं कि आपने कोशिश तो की।

जब आप यह प्रक्रिया पूरी कर लें तो कुछ ऐसी चीज, जो श्रमसाध्य या नकारात्मक समझी जाती है, को जारी रखने से पहले स्वयं को कुछ मिनट दें। इस बिंदु पर भी सलाह के लिए 10 मिनट तक दरवाजा खुला ही रहता है।

□

14

यह कैसे काम करता है?

आपको आश्चर्य हो रहा होगा कि यह किस तरह काम करता है। वास्तव में, यह बहुत ही आसान है। सामान्य रूप से स्वचालित अपनी श्वसन-क्रिया पर नियंत्रण प्राप्त कर आप अपने मस्तिष्क को स्वयं के लिए प्रतिक्रियाशील होने की प्रक्रिया की शुरुआत कर रहे हैं। मुझे मालूम है कि यह सुनने में अजीब लगता है, लेकिन हमारे मस्तिष्क पर पड़नेवाले चार प्रकार के प्रभावों में से एक हमारा स्वयं सचेत मस्तिष्क भी है। पूर्व निर्धारित संख्याओं की गिनती करके तथा अपने श्वसन एवं रंगों की परिकल्पना पर अपना ध्यान केंद्रित करके आप स्पष्ट रूप से उत्तेजित होना शुरू हो जाते हैं, साथ ही दो या तीन चीजों पर एक साथ अपना ध्यान केंद्रित करने का प्रयास भी शुरू कर देते हैं। इससे अवचेतन स्तर पर नियंत्रित चिंता की अवस्था उत्पन्न होती है।

सामान्य तौर पर अवचेतन आचरण ढाँचे का नियंत्रण प्राप्त करने की प्रक्रिया द्वारा वास्तव में आप अपने अवचेतन मन पर आक्रमण शुरू कर देते हैं। तब आपका अवचेतन मस्तिष्क पूरे शरीर को इस लड़ाई के लिए तैयार हो जाने का संकेत भेजता है। आपका रक्तचाप बढ़ जाएगा, आपके हृदय के स्पंदन की दर बढ़ जाएगी, आपका मुँह सूखने लगेगा, आपकी आँखें फैल जाएँगी, मांसपेशियों को बल देने के लिए अग्र भागों में रक्त का बहाव तेज हो जाएगा। जैसा कि मैंने आपको बताया, आपके

अवचेतन मस्तिष्क ने शरीर को लड़ाई के लिए तैयार कर दिया है।

इस बारे में इस तरह सोचिए, आपका अवचेतन मस्तिष्क अपने आप में अपने जीवित रूप में है और आपने इसके क्षेत्र पर आक्रमण कर दिया है। इस आक्रमण का पलटवार करने के लिए यह पूरे शरीर के युद्ध तंत्र को सक्रिय करके इसकी तैयारी करता है। आपका शरीर स्वाभाविक रूप से प्रतिक्रिया करता है।

जब ऐसा होता है तो रक्तचाप गिर जाता है, हृदय के स्पंदन की दर धीमी हो जाती है, आँखें सिकुड़ जाएँगी और साँसें छोटी-छोटी आने लगेंगी। तब रक्त का बहाव शरीर के महत्त्वपूर्ण आंतरिक अंगों की ओर हो जाता है, ताकि जीवित रहने के लिए उन्हें संरक्षित रखा जा सके। यह लगभग ऐसा ही है जैसा आघात की अवस्था में होता है।

तब अंतत: आपके अवचेतन मन को यह अनुभव होता है कि ऐसी कोई धमकी या कुछ नहीं है, जिससे लड़ने की जरूरत है। तब यह बाकी शरीर को इस मुद्रा से वापस आने का संकेत भेजता है, क्योंकि यह भ्रमित हो गया है और अब यह लड़ाई के लिए तैयारी शुरू करना चाहता है। जब ऐसा होता है तो रक्तचाप गिर जाता है, हृदय के स्पंदन की दर धीमी हो जाती है, आँखें सिकुड़ जाएँगी और साँसें छोटी-छोटी आने लगेंगी। तब रक्त का बहाव शरीर के महत्त्वपूर्ण आंतरिक अंगों की ओर हो जाता है, ताकि जीवित रहने के लिए उन्हें संरक्षित रखा जा सके। यह लगभग ऐसा ही है जैसा आघात की अवस्था में होता है।

इस बिंदु पर आपकी विश्लेषण करने की क्षमता बुरी तरह घट जाती है, क्योंकि सचेत मन ने नियंत्रण अवचेतन मन को सौंप दिया है। आत्म-सम्मोहन में इस अवस्था में नियंत्रण फिर भी रहता है। आपका चेतन मन अभी भी आंशिक रूप से जाग्रत् रहता है, इसलिए यह पूर्ण रूप से बाहर नहीं निकाला गया होता है; लेकिन अवचेतन मन द्वारा भ्रम

और उथल-पुथल की स्थिति के आकलन के आधार पर शरीर लड़ाई के लिए तैयार रहता है। एक तरह से आपने स्वयं को धोखा ही दिया है।

आपने जिस चीज का अभी विकास किया है, वह मस्तिष्क की स्वाभाविक अवस्था है। अंतर केवल यह है कि इस अवस्था में आप स्वैच्छिक रूप से गए और कार्य योजना के साथ गए। आपका चेतन मन अभी भी सक्रिय है; बल्कि यह तो नियंत्रण वापस लेने के लिए सिर्फ आपके आदेश का इंतजार कर रहा है, साथ ही अपने द्वारा निर्मित सचेत इच्छा का उपयोग कीजिए तथा एक सफल आचरण परिवर्तन की मजबूत आधारशिला रखिए।

आपने जिस चीज का अभी विकास किया है, वह मस्तिष्क की स्वाभाविक अवस्था है। अंतर केवल यह है कि इस अवस्था में आप स्वैच्छिक रूप से गए और कार्य योजना के साथ गए। आपका चेतन मन अभी भी सक्रिय है; बल्कि यह तो नियंत्रण वापस लेने के लिए सिर्फ आपके आदेश का इंतजार कर रहा है, साथ ही अपने द्वारा निर्मित सचेत इच्छा का उपयोग कीजिए तथा एक सफल आचरण परिवर्तन की मजबूत आधारशिला रखिए।

यह सुनिश्चित करना महत्त्वपूर्ण है कि जब आप इस आचरण प्रक्रिया को पूरा कर लें तो मस्तिष्क की इस अति सक्रियशीलता की अवस्था में अपने आप गिनिए और कुछ क्षणों के लिए विश्राम कीजिए। यदि ऐसा नहीं होता है तो यह संभव है कि इस नवनिर्मित खुले दरवाजे से न सिर्फ सकारात्मक, बल्कि नकारात्मक उत्तेजना भी आपको प्रभावित कर रही है। पहली स्थिति में यह पूरी प्रक्रिया को नकार देती है। बस, 0 से 5 तक गिनिए और अपने आपसे कहिए, 'आँखें खुली और पूरी तरह जाग्रत् हैं।'

शुरू के कुछ समय तक इच्छित गहराई प्राप्त करने के लिए किसी विशेषज्ञ की सलाह लेना अच्छा हो सकता है। विशेषज्ञ आपका दिशा-

निर्देशन करेगा कि इच्छित अवस्था में कैसे पहुँचें, साथ-ही-साथ सम्मोहन प्रतिक्रियाशीलता के बाद की अवस्था की विकसित अवस्था की प्राप्ति में भी वह आपकी मदद करेगा।

सम्मोहन का सबसे महत्त्वपूर्ण पहलू यह है कि यह एक स्पष्ट और केंद्रित प्रयास करता है, जिसमें व्यक्ति कोई इच्छित लक्ष्य प्राप्त करने का प्रयास करता है। यदि व्यक्ति अपने अभ्यास में निरंतर रत होता है तो वह स्वयं को प्रेरित करता है और सफलतापूर्वक अपना पूर्व आचरण बदल लेता है। इससे व्यक्ति को दिन भर हुए नकारात्मक तनाव एवं चिंता से भी स्वयं को मुक्त करने में मदद मिलती है। इससे उसे उन अधिक सकारात्मक आकांक्षाओं की पूर्ति के लिए ऊर्जा संरक्षित करने में मदद मिलती है, जिस पर वह केंद्रित रहा है।

व्यक्ति को दिन भर हुए नकारात्मक तनाव एवं चिंता से भी स्वयं को मुक्त करने में मदद मिलती है। इससे उसे उन अधिक सकारात्मक आकांक्षाओं की पूर्ति के लिए ऊर्जा संरक्षित करने में मदद मिलती है, जिस पर वह केंद्रित रहा है।

आत्म-सम्मोहन की दूसरी विशेषता यह है कि यह ऊर्जा की एक अवस्था का विकास करती है, ठीक लगभग नए जोश की तरह। प्रायः यह जोश विश्राम की अवस्था के समाप्त होने के बाद ही आता है। यह तनाव से जुड़ी नकारात्मक ऊर्जा को विश्राम के सकारात्मक लक्षणों द्वारा स्थानापन्न किए जाने के कारण होती है।

□

15

नियोजन का महत्त्व

मैं समझता हूँ कि अब तक इस प्रक्रिया की समझ आ गई होगी कि आपका अवचेतन आचरण पैटर्न कैसे बनता है। मैं तो सिर्फ यह आशा करता हूँ कि आपको अपने आचरण के नियंत्रण का महत्त्व पता चल गया होगा। मुझे पूरा विश्वास है कि आपको इस संसार में ऊपर बताए गए सभी अभ्यासों को दिन में बीस बार कहीं बैठकर पूरा करने का समय नहीं मिलने जा रहा है। यह संभव नहीं है और बहुत स्पष्ट कहें तो यह अत्यधिक काम है।

इसलिए आपको इस मामले में क्या करना चाहिए? ठीक है, उत्तर शायद आपने जो सोचा है, उससे कहीं आसान है। आपको सिर्फ नकारात्मक आचरण को अपने आचरण पैटर्न का हिस्सा बनने से रोकना है। आपके यह पूछने से पहले कि कैसे, मैं आपको बताऊँगा कि बस भ्रम, उथल-पुथल एवं अन्य प्रकार की नकारात्मक उत्तेजनाओं द्वारा चिंता की अवस्था को रोककर आप यह प्राप्त कर सकते हैं। ओह, यह तो आसान है। ठीक है? थोड़ा भिन्न तरीके से इसे बताकर मैं इसे और भी आसान बना दूँगा। भ्रम, उथल-पुथल तथा हर प्रकार की नकारात्मक उत्तेजनाओं को हम पर्याप्त संगठन एवं समय प्रबंधन द्वारा रोक सकते हैं। यह सही है। वह सबकुछ, जो आपके बॉस ने कमजोर नियोजन के लिए कहा, वह सही है और यदि इसका उचित रूप से आदतन तथा स्वैच्छिक

प्रयोग किया है तो सही है। इस अंतिम वाक्य में मुख्य शब्द है—स्वैच्छिक रूप से। दुर्भाग्यवश, प्राय: नियोजन स्वैच्छिक रूप से नहीं किया जाता है और इसलिए इससे सिर्फ चिंताएँ ही होती हैं। ये चिंताएँ विद्रोह द्वारा गैर-अनुपालन की ओर प्रेरित करती हैं तथा अंतत: परिणति परियोजना की असफलता होती है।

दुर्भाग्यवश, यद्यपि हमें इस बात का कितना ही विश्वास क्यों न हो कि यह योजना कारगर होगी, लेकिन कोई भी योजना तब तक कारगर नहीं होगी जब तक कि उसको करनेवाला इसका पालन नहीं करता है। अनुपालित योजना की सबसे बड़ी विशेषता यह है कि अत्यधिक काम की अवधारणा से उत्पन्न तनाव एवं चिंता को यह रोकती है, साथ ही निर्धारित लक्ष्य पर ध्यान को निरंतर केंद्रित रखती है।

सफल ढाँचे का विकास करना, सफलता की माप करना तथा नकारात्मक परिणामों की ओर अवसरों की अनुकूलता के लिए किसी योजना का होना आवश्यक है। दुर्भाग्यवश, यद्यपि हमें इस बात का कितना ही विश्वास क्यों न हो कि यह योजना कारगर होगी, लेकिन कोई भी योजना तब तक कारगर नहीं होगी जब तक कि उसको करनेवाला इसका पालन नहीं करता है। अनुपालित योजना की सबसे बड़ी विशेषता यह है कि अत्यधिक काम की अवधारणा से उत्पन्न तनाव एवं चिंता को यह रोकती है, साथ ही निर्धारित लक्ष्य पर ध्यान को निरंतर केंद्रित रखती है।

यह एक मजाक लगता है; लेकिन बिना योजना के लोग हमेशा चिंतित एवं तनावग्रस्त रहते हैं, जिससे ऐसा लगता है कि उन पर काम का भारी दबाव रहता है।

योजना के बारे में दूसरी महत्त्वपूर्ण बात यह है कि इससे आपको यह पता चलता है कि दिन भर में आपने क्या हासिल किया और इसे

पूरा करने में कितना समय लगा, इसका भी आप हिसाब रख पाएँगे।

प्राय: योजना इस बात का प्रमाण होती है कि लोगों के पास बहुत समय होता है, जिसका उपयोग वे अन्य काम करने में कर सकते थे और संभवत: प्रथम दृष्टि में उन पर तनाव भी नहीं होता।

महत्त्वपूर्ण यह है कि यदि योजना का पालन न किया जाए तो व्यक्ति चिंतित एवं तनावग्रस्त हो जाता है और वह केंद्रित नहीं रह सकता है। प्राय: उसे यह लगता है कि उस पर काम का भारी दबाव है। ऐसा हो या न हो, वास्तव में स्थिति यही है कि धारणा में 99 प्रतिशत वास्तविकता होती है। ऐसे परिदृश्य में मस्तिष्क एक बार फिर लड़ाई के लिए तैयार होगा और परिवेश में नकारात्मक प्रतिक्रियाशीलता को ग्रहण करने के लिए सक्रिय हो जाएगा। इस प्रकार नकारात्मक आचरण पैटर्न बन जाता है। प्राय: इसी समय बॉस का आगमन होता है।

□

16

असफलता इस खेल का हिस्सा है

सभी ने वह कहानी सुनी होगी कि किस तरह कर्नल सांडर्स को अंतिम रूप से चिकन पकाने की विधि समझने से पहले बार-बार असफलताओं का सामना करना पड़ा और कितने ही सम्मानित कलाकार बिना एक पाई भी अपने नाम किए इस संसार से चले जाते हैं। आपको क्या लगता है, आइंस्टीन कितनी बार असफल हुए या उस सेब को न्यूटन को सही जगह गिरने के लिए कितने प्रयास करने पड़े? कुछ क्षणों के लिए हमें वास्तविक होना चाहिए। हर दिन-रात के समय अपनी योजनाओं का पुनर्मूल्यांकन करने के लिए आपको स्वयं के लिए समय निकालना चाहिए और सोने जाने से पहले उस कथित असफलता पर भी नजर डालनी चाहिए। क्या यह असफलता थी? प्राय: यह असफलता ही मानी जाएगी, यदि आप उस तरीके को जारी रखते हैं। सौभाग्यवश, आपके पास एक योजना है।

सफलता प्राप्त करने के लिए बहुत प्रयास और मेहनत की जरूरत होती है। मेरे एक प्रिय विज्ञापन में किसी खेल के समाप्त होने के बाद एक अँधेरे गलियारे पर टहलते हुए माइकल जॉर्डन को बातें करते हुए पृष्ठभूमि में दिखाया जाता है। वह कहता है, ''सैकड़ों बार मेरी गणना की गई है, ताकि अंतिम प्रहार जीतने या हारने के लिए मारूँ। सैकड़ों बार मैं असफल हुआ हूँ।'' तभी कुछ क्षणों के लिए खामोशी छा जाती

है और उसी समय चित्र में माइकल जॉर्डन प्रकट होता है और अँधेरे गलियारे के बड़े दरवाजे से बाहर निकल जाता है।

"मैंने अपनी असफलताओं से सीखा है और इसलिए मैं सफल हुआ हूँ। आपको भी सफल होने के लिए बिल्कुल यही करना चाहिए।"

लक्ष्य की प्राप्ति के लिए किए गए अपने प्रयासों में मिली असफलता से सीखिए। यह एक अच्छी शर्त है कि आप कभी-न-कभी असफल होंगे। यदि आप अपनी असफलताओं से सीखते हैं तो फिर आप उस असफलता को असफलता नहीं कह सकते, बल्कि उसे सीखने की एक प्रक्रिया कहेंगे। इस सीख को अगली योजना के लिए प्रयोग कीजिए, फिर उसका अनुकूलन कीजिए और बाधाओं पर विजय प्राप्त कीजिए।

यदि आप अपनी असफलताओं से सीखते हैं तो फिर आप उस असफलता को असफलता नहीं कह सकते, बल्कि उसे सीखने की एक प्रक्रिया कहेंगे। इस सीख को अगली योजना के लिए प्रयोग कीजिए, फिर उसका अनुकूलन कीजिए और बाधाओं पर विजय प्राप्त कीजिए।

एक बार यदि आपने अपनी कथित असफलता से शिक्षा प्राप्त कर ली है, उस निश्चित योजना की क्षतिपूर्ति के लिए एक योजना बना ली है और इस तरह आगे लक्ष्य या उद्देश्य की प्राप्ति की ओर अग्रसर हुए और उसे प्राप्त कर लिया है तो यह बहुत महत्त्वपूर्ण है कि अपने आपको उस सफलता को मनाने तथा पुरस्कृत करने के लिए समय दीजिए। इससे आवश्यक अवचेतन सुदृढ़ीकरण को और बल मिलेगा, जिससे आचरण परिवर्तन की प्रक्रिया आसान होगी। इसके बिना तो कोई भी दीर्घावधि परिवर्तन या बदलाव नहीं हो सकता।

□

17

समय प्रबंधन

प्रत्याशित नियोक्ता द्वारा संभावित कर्मचारियों में ढूँढ़ा जानेवाला एक महत्त्वपूर्ण गुण है—समय प्रबंधन। इसका आशय यह है कि समय का सही प्रयोग करने की क्षमता। कई कारणों से व्यक्ति को यह सीखना चाहिए कि इसे कैसे किया जाए। इनमें से एक यह है कि न करने की तुलना में यह कहीं उत्पादक है। कुछ क्षण के लिए आइए, परिस्थिति का आकलन करें। मानो हम आज के श्रम शक्ति के ब्रह्मांड में हैं। एक व्यक्ति के कुछ काम होते हैं, जो नियमित रूप से उसे मिलते रहते हैं। दुर्भाग्यवश, एक कार्य-दिवस में उन कामों को पूरा करने के लिए सीमित समय होता है। यदि उन कामों को पूरा नहीं किया जाता है और उन्हें स्थगित किया जाता है तो वे इकट्‌ठे होते जाएँगे और धीरे-धीरे वे बड़े काम बन जाएँगे। यही बात कोई भी नियोक्ता अपने कर्मचारियों में पसंद नहीं करता है। समय प्रबंधन का अभाव किसी भी कर्मचारी के थकने एवं तनावपूर्ण होने का एक महत्त्वपूर्ण कारण है, जिससे उत्पादकता में गिरावट आती है तथा नकारात्मक प्रतिक्रियाशीलता बढ़ती है। एक बार फिर व्यक्ति स्वयं को कामोन्माद या नकारात्मक निवेश की स्थिति में पाता है।

इससे कोई फर्क नहीं पड़ता कि हम अन्य तरीके से कितना ही विश्वास करना चाहें, व्यक्ति को यह समझना चाहिए कि जो काम वह करना चाहता है, उसके लिए उसके पास दिन का निश्चित समय है।

यद्यपि सुनने में यह बहुत ही मौलिक तथा वास्तव में सहज बुद्धि की बात लगती है, लेकिन संभवत: यह अनुभूति समय प्रबंधन का एक बहुत ही महत्त्वपूर्ण पहलू है। स्वयं को तनाव से मुक्त रखने के लिए समय प्रबंधन आवश्यक है और इसलिए अति क्रियाशीलता की स्थिति भी।

हम सभी जानते हैं कि अति क्रियाशीलता बढ़ती चिंताओं के इकट्ठा होने के परिणामस्वरूप ही होती है। हम यह भी जानते हैं कि व्यक्ति जब अति क्रियाशील मानसिक दशा में होता है तो वह सलाह को सीधे अवचेतन मन में ग्रहण करता है। दुर्भाग्यवश, जैसा कि पहले भी बताया गया है, जब व्यक्ति नकारात्मक उत्तेजना के जैसे तनाव के कारण अति संवेदनशील मानसिक अवस्था में होता है तो वह व्यक्ति नई तनावपूर्ण स्थिति से निपटने के लिए नकारात्मक आचरण पैटर्न बना लेगा। यह तो एक उदाहरण है। इसका यह अर्थ है कि सही समय प्रबंधन न होने या संगठनात्मक कौशल के अभाव में अनेक काम, जो उसे करने थे, के न कर पाने के कारण व्यक्ति तनावपूर्ण हो जाता है और फिर ऐसा आचरण पैटर्न बनाता है, जिससे और तनाव उत्पन्न होता है तथा अपने लक्ष्य की प्राप्ति की दिशा में वह और भी कम उत्पादक बन जाता है।

हम सभी जानते हैं कि अति क्रियाशीलता बढ़ती चिंताओं के इकट्ठा होने के परिणामस्वरूप ही होती है। हम यह भी जानते हैं कि व्यक्ति जब अति क्रियाशील मानसिक दशा में होता है तो वह सलाह को सीधे अवचेतन मन में ग्रहण करता है।

उपर्युक्त परिस्थिति में क्या इस बात का अर्थ यह नहीं है कि समय प्रबंधन में कुशलता प्राप्त करना अपने मस्तिष्क में जा रही सूचनाओं पर नियंत्रण प्राप्त करने का सरलतम काम नहीं है? यह सरल ढंग से किया जा सकता है और इसे करने में कुछ समय भी नहीं लगता है। शुरू कीजिए यह।

वार्षिक योजना

यह सिर्फ उन कामों की सूची है, जो आप पूरे साल में करना चाहेंगे। यद्यपि यह अविश्वसनीय रूप से मौलिक है, पर इससे आपको लक्ष्य मिलता है। इससे आपको पता चलता है कि आपको क्या करना है।

मासिक योजना

एक कैलेंडर ले लो और उसमें निश्चित कार्य के लिए निश्चित दिवस निर्धारित करो। यह मौलिक और आसान है। इससे आपको अपनी वार्षिक योजना को पूरा करने के संबंध में भी यह पता चलेगा कि आप कहाँ हैं।

दैनिक योजना

तनाव एवं नकारात्मक चिंता को रोकने की यह सबसे महत्त्वपूर्ण योजना है। जैसा कि नाम से ही पता चलता है, यह दैनिक घटनाओं की एक सूची मात्र है, जिससे प्राय: दिन को घंटों के हिसाब से विभाजित किया जाता है। इस योजना को अत्यधिक गहन होना चाहिए, जब तक कि आप कुछ नहीं करते; क्योंकि इसमें आपकी सभी दैनिक गतिविधियाँ समाहित होती हैं। आप बड़े-बड़े दैनिक प्लानर हर जगह खरीद सकते हैं; लेकिन उससे कोई फायदा नहीं, जब तक कि आप उसका उपयोग नहीं करते। मैं अपनी योजनाओं पर सुबह पुनर्विचार करना चाहता हूँ, क्योंकि तब ही मुझे यह याद आ जाता है कि आज मुझे क्या करना है और फिर रात में, जिसमें

तनाव एवं नकारात्मक चिंता को रोकने की यह सबसे महत्त्वपूर्ण योजना है। जैसा कि नाम से ही पता चलता है, यह दैनिक घटनाओं की एक सूची मात्र है, जिससे प्राय: दिन को घंटों के हिसाब से विभाजित किया जाता है। इस योजना को अत्यधिक गहन होना चाहिए, जब तक कि आप कुछ नहीं करते; क्योंकि इसमें आपकी सभी दैनिक गतिविधियाँ समाहित होती हैं।

मुझे यह पता चल जाए कि आज मैंने क्या किया है। ऐसी आदत डालना बहुत अच्छी बात है, जिससे आपको कुछ अच्छी बात सोचने का मौका मिलता है, वह भी उस समय, जब आप सोने जा रहे हों।

मुझे मालूम है कि योजना तथा उससे जुड़ी बातें नीरस लगती हैं; लेकिन मैं आपको यह आश्वासन देता हूँ कि आज तक कोई भी व्यक्ति बिना योजना कहीं भी नहीं पहुँच सका है और इसी योजना से उन्हें अपने लक्ष्य की दिशा में हुई प्रगति का ब्योरा रखने में सहायता मिलती है। इससे आप अति संवेदनशील बनने से भी बच सकते हैं तथा उन उत्तेजनाओं से प्रभावित होने से भी खुद को रोक सकते हैं, जिससे आप प्रभावित होना नहीं चाहते हैं। इसी तरह, योजना से आपको यह समझने में मदद मिलती है कि आपने क्या प्राप्त किया है और यह आपको प्रेरित एवं केंद्रित रखने के लिए सबसे महत्त्वपूर्ण है तथा इससे अपने वांछित लक्ष्य की ओर निरंतर प्रेरित होने में मदद मिलती है।

इससे आप अति संवेदनशील बनने से भी बच सकते हैं तथा उन उत्तेजनाओं से प्रभावित होने से भी खुद को रोक सकते हैं, जिससे आप प्रभावित होना नहीं चाहते हैं। इसी तरह, योजना से आपको यह समझने में मदद मिलती है कि आपने क्या प्राप्त किया है और यह आपको प्रेरित एवं केंद्रित रखने के लिए सबसे महत्त्वपूर्ण है तथा इससे अपने वांछित लक्ष्य की ओर निरंतर प्रेरित होने में मदद मिलती है।

मैं आपको यह बता दूँ कि ऐसी आदत जारी रखने के लिए आपको आरंभ में थोड़ा समय लगेगा। हाँ, कभी-कभी आप यह भूल सकते हैं। भूलना आपके पुराने अवचेतन आचरण का हिस्सा है, जो स्वयं को और अधिक मजबूती से स्थापित करने की कोशिश करता है। याद रखिए, भूलना एक सकारात्मक संकेत है, जो यह दरशाता है कि अंतत: आपका अवचेतन मन पूर्व स्थापित नकारात्मक आचरण पैटर्न को छोड़ रहा है।

इसलिए दिन के समय अपने काम करने का महत्त्व है और इसलिए योजना का भी। आचरण परिवर्तन प्रक्रिया में समय लगता है। आप लड़ाई करने क लिए इच्छुक होंगे। आपको खुद से यह पूछना चाहिए कि क्या आप वांछित परिणाम चाहते हैं? यदि आप चाहते हैं तो आपको समय तो देना ही होगा। यह एक निर्णय है, जो आपको लेना है। आपके लिए मैं यह नहीं कर सकता।

□

18

विश्राम

दूसरा विषय, जिस पर वर्षों से लिखा जाता रहा है, वह है विश्राम। यह एक ऐसा विषय है, जिस पर वास्तव में बहुत ज्यादा लिखा जाना चाहिए। अंततः लोगों को शांत रहने का महत्त्व समझ में आने लगा है; लेकिन 'ऐसा क्यों?' इस पर लक्ष्य करके बहुत कम पुस्तकें लिखी जाती हैं।

यह बात अनेक चिकित्सकीय अध्ययनों द्वारा प्रमाणित हो चुकी है कि तनाव बीमारी और रोग का एक प्रमुख कारण है। शोध से अब यह प्रमाणित हो चुका है कि कैंसर जैसी बीमारियाँ भी तनाव के कारण होती हैं। सभी को पहले से ही यह मालूम है कि हृदय आघात अधिकांशतः तनाव के कारण होता है।

अब आप शायद यह पूछेंगे कि किस तरह तनाव बीमारी का कारण है। कुछ मिनट के लिए शांत हो जाइए, अपनी क्षमता का भरपूर उपयोग करते हुए मैं आपको यह धारणा समझाने की कोशिश करूँगा। निस्संदेह, एक बार फिर उत्तर का संबंध संवेदनशीलता एवं आचरण से है। तनाव, जैसा कि मैंने पहले भी बताया है, नकारात्मक आचरण पैटर्न का परिणाम है, जिसकी उत्पत्ति अति संवेदनशीलता से होती है। इस लंबी व नकारात्मक अति संवेदनशीलता की परिणति स्पष्टतः नकारात्मक संवेदनशीलता से जुड़ी चिंताओं के बोझ के रूप में होती है। कथित आक्रमण से रक्षा एवं

निदान के प्रयास में शरीर इस नकारात्मक संवेदनशीलता से अत्यधिक प्रभावित होनेवाले अंग में रक्त-आपूर्ति देना शुरू करेगा।

मस्तिष्क वास्तव में शरीर के कुछ अंग निर्धारित करेगा, जहाँ तनाव संचित किया जा सके। प्रायः विभिन्न प्रकार के दर्द एवं पीड़ा के यही कारण होते हैं। भावनात्मकता में केंद्रित इस पीड़ा के शारीरिक प्रदर्शन को वास्तव में शारीरिक लक्षण कहते हैं। तनाव के इस आक्रमण से प्रायः अत्यधिक प्रभावित होनेवाले अंगों को आमतौर पर तनाव संचित करने के लिए यह सुविधा अवचेतन मन द्वारा दी जाती है। शरीर के अंग (संचय सुविधा) अब लगभग उसी तरह काम करते हैं जैसे गैस टैंक कार में करता है। समस्या तब शुरू होती है, जब वह गैस टैंक बहना शुरू कर देता है।

तनाव के इस आक्रमण से प्रायः अत्यधिक प्रभावित होनेवाले अंगों को आमतौर पर तनाव संचित करने के लिए यह सुविधा अवचेतन मन द्वारा दी जाती है। शरीर के अंग (संचय सुविधा) अब लगभग उसी तरह काम करते हैं जैसे गैस टैंक कार में करता है। समस्या तब शुरू होती है, जब वह गैस टैंक बहना शुरू कर देता है।

समस्या इस लक्षण से जुड़ी पीड़ा ही नहीं है, बल्कि हमारा शरीर स्वाभाविक रूप से एवं निरंतर मृत हो रही कोशिकाओं की पूर्ति के प्रयास में निरंतर नई कोशिकाएँ बनाता रहता है। पुनर्जीवन की पौष्टिकता के साथ ही रोग से लड़ने का मुख्य स्रोत रक्त ही आवश्यक पोषक तत्त्वों का मुख्य स्रोत है। साथ ही यह प्रतिरक्षा प्रणाली का आधार है। दुर्भाग्यवश, जब कोई व्यक्ति तनावग्रस्त होता है तो शरीर तनाव से प्रभावित उस क्षेत्र के लिए आवश्यक रक्त की आपूर्ति करता है। इससे नई कोशिकाओं की पुनरुज्जीवन प्रक्रिया में व्यवधान आता है, साथ ही शरीर की प्रतिरक्षा प्रणाली भी प्रभावित होती है। प्रतिरक्षा अभाव का परिणाम स्पष्ट होता है; लेकिन यदि कहीं खो गया है तो प्रायः इससे बीमारी, जुकाम तथा

इसी तरह के परिणाम आते हैं।

कई अवसरों पर शरीर के उस भाग को निरंतर रक्त का बहाव होने के कारण, जिन्हें पोषक तत्त्वों की आवश्यकता नहीं होती है, इस अंग में नई कोशिकाओं का असामान्य विकास होता है। इसके बारे में अति निषेचन के रूप में सोचो। एक बार असामान्य वृद्धि शुरू हो जाए तो मस्तिष्क उस असामान्य वृद्धि का भी इस प्रकार पोषण करने लगता है, मानो उसका वहाँ होना अपेक्षित है। इन कोशिकाओं में भी अनियंत्रित विकास-प्रक्रिया चलती रहती है, जिसके परिणामस्वरूप कोशिकाओं के एक नए झुंड का निर्माण होता है। इन सभी असामान्य कोशिकाओं का पोषण भी उसी तरह होता रहता है, जैसे महिला के गर्भ में युग्मज का, जो सामान्य कोशिकाओं से अपना पोषण प्राप्त करता है। कई मामलों में इससे प्रतिरक्षा प्रणाली में बाधा आती है या इसकी परिणति असामान्य कोशिकाओं की निरंतर वृद्धि के रूप में भी हो सकती है। कुछ डॉक्टर कोशिकाओं की इस असामान्य वृद्धि को अन्य नाम से भी पुकार सकते हैं। मेरा मानना है कि वे इसे कैंसर कहते हैं।

एक बार असामान्य वृद्धि शुरू हो जाए तो मस्तिष्क उस असामान्य वृद्धि का भी इस प्रकार पोषण करने लगता है, मानो उसका वहाँ होना अपेक्षित है। इन कोशिकाओं में भी अनियंत्रित विकास-प्रक्रिया चलती रहती है, जिसके परिणामस्वरूप कोशिकाओं के एक नए झुंड का निर्माण होता है। इन सभी असामान्य कोशिकाओं का पोषण भी उसी तरह होता रहता है, जैसे महिला के गर्भ में युग्मज का, जो सामान्य कोशिकाओं से अपना पोषण प्राप्त करता है।

एक बार फिर कार से तुलना करें। यदि आप अपने शरीर को कार के रूप में देखें तो उन सलाहों को, जो आप प्राप्त करते हैं, की तुलना कार के ईंधन के रूप में कर सकते हैं। यदि आपकी कार को 92-ऑक्टेन

गैसोलिन की जरूरत होती है और नकदी की समस्या के कारण आप निरंतर 87-आवंटन गैसोलिन का प्रयोग करते हैं तो बहुत जल्द ही आपकी कार उस उत्पाद को ग्रहण करना बंद कर देगी, जिसकी आप इसे आपूर्ति कर रहे हैं। कार के मामले में आपूर्ति न ग्रहण करना कार का रुक जाना होगा, जबकि शरीर के मामले में ग्रहण न करना बीमारी होगी। इस बात का अर्थ है न? तनाव और चिंता बुरे ईंधन के समान है।

तनाव में कमी की आवश्यकता तथा शांत वातावरण का निर्माण इस बिंदु से स्पष्ट हो जाना चाहिए। यह न सिर्फ आपके भावनात्मक स्वास्थ्य, बल्कि शारीरिक स्वास्थ्य के लिए भी आवश्यक है।

'विश्राम' शब्द का जो अर्थ मेरे लिए है, वह आपके लिए भी नहीं हो सकता, यद्यपि मैं यह गारंटी दे सकता हूँ कि प्राय: एक निश्चित उत्तेजना ही व्यक्ति को यह प्राप्त करने में मदद कर सकती है। यह उत्तेजना किसी तरह की दवाई, पेय या विटामिन भी नहीं है, बल्कि यह एक स्वाभाविक क्रिया है। आप अन्य लोगों को इसे करते हुए हर दिन देखते हैं। इस ग्रह पर सभी सजीवों के लिए यह स्वाभाविक है।

'विश्राम' शब्द का जो अर्थ मेरे लिए है, वह आपके लिए भी नहीं हो सकता, यद्यपि मैं यह गारंटी दे सकता हूँ कि प्राय: एक निश्चित उत्तेजना ही व्यक्ति को यह प्राप्त करने में मदद कर सकती है। यह उत्तेजना किसी तरह की दवाई, पेय या विटामिन भी नहीं है, बल्कि यह एक स्वाभाविक क्रिया है। आप अन्य लोगों को इसे करते हुए हर दिन देखते हैं। इस ग्रह पर सभी सजीवों के लिए यह स्वाभाविक है।

अत: वह रहस्यात्मक कार्य क्या है, जिसके बारे में मैं बातें कर रहा हूँ? ठीक है, सुनने में यह काम इस्तेमाल करनेवाला लग सकता है, लेकिन इसमें श्वसन है। हाँ, श्वसन एक ऐसी क्रिया है, जो अपने आप

ही आपको मस्तिष्क की तनावमुक्त अवस्था को प्राप्त करने में तथा नकारात्मक संवेदनशीलता एवं अन्य उत्तेजनाओं को समूल नष्ट करने में मदद कर सकती है।

दुर्भाग्यवश, एक बार फिर उत्तर इतना सरल है कि अनेक लोगों को यह विश्वास भी नहीं होगा कि सचमुच में यह उत्तर है। कौन कहता है कि उत्तर जटिल होना चाहिए। इसके बारे में एक मिनट सोचिए और फिर इस बारे में इस तरह सोचिए। क्या आपने कभी अपने सहकर्मियों को सिगरेट के लिए ब्रेक लेते हुए देखा है? कार्यालय में उन लोगों ने समय प्रबंधन या नियोजन के सिद्धांत का पालन नहीं किया, इसलिए वे तनाव एवं चिंता के कारण निरंतर घरघराते रहते हैं। यह सबकुछ तब बदल जाता है, जब वे उस जादुई सिगरेट को अपने मुँह से लगाते हैं। सही है न? जब वे सिगरेट पीने बाहर जाते हैं तो आप उन्हें उस कैंसर की छड़ी को धीरे-धीरे श्वास में लेते हुए देखिए। जहरीली गैस को श्वास के रूप में उन्हें बाहर छोड़ते हुए देखिए। अब वे तनाव में नहीं लगते, बल्कि शांत प्रतीत होते हैं, यद्यपि उनका शरीर आणविक कारखाने के किनारे स्थित नदी की तरह दूषित हो जाता है।

जहरीली गैस को श्वास के रूप में उन्हें बाहर छोड़ते हुए देखिए। अब वे तनाव में नहीं लगते, बल्कि शांत प्रतीत होते हैं, यद्यपि उनका शरीर आणविक कारखाने के किनारे स्थित नदी की तरह दूषित हो जाता है।

मैं यह नहीं कह रहा कि आप बाहर जाइए और कैंसर पैदा करनेवाली उस छड़ी को खरीदिए। नहीं, मैं कह रहा हूँ कि यह देखिए कि आपके तनावग्रस्त साथी के लिए क्या चीज अच्छी है। श्वसन की क्रिया अपने में एक उत्तेजन है, जो शरीर को शांत करने के लिए प्रेरित करती है। धूम्रपान की क्रिया आपके धीरे-धीरे मर रहे साथियों के लिए तनावमुक्त होने की भावना से जुड़ी है। यह सिर्फ निकोटिन ही नहीं है, जो सिर्फ

आपको आदत लगाती है, बल्कि सिगरेट से अवचेतन रूप से जुड़ी श्वसन की प्रक्रिया भी है।

यह प्रक्रिया सरल और सीधी है; लेकिन एक बार फिर मैं इस बात पर जोर देता हूँ कि इसका यह मतलब नहीं है कि यह काम नहीं करेगी। शांत होने के लिए बस, उन पेजों को पलटिए, जिसमें मैंने आत्म-सम्मोहन के बारे में लिखा है। उन्हें पढ़िए, समझिए और उनका अनुसरण कीजिए। आप भी तनावमुक्त हो जाएँगे और परिणामतः आप स्वस्थ रहने एवं बीमारियों से लड़ने के लिए और अधिक अच्छे ढंग से तैयार होंगे।

□

19

इक्कीसवीं शताब्दी की वैकल्पिक दवाइयाँ

पिछले कुछ वर्षों में वैकल्पिक दवाइयों की धारणा के ऊपर बड़ा प्रचार हुआ है। क्या वे काम करती हैं, या क्या वे छल हैं? दवा स्टोर के व्यापारी से लेकर डॉक्टर तक सभी-के-सभी कई प्रकार के प्रश्नों एवं उत्तरों के परिणाम रहे हैं। पूर्ण स्वास्थ्य से लेकर सीधे-सीधे सशंकित मृत्यु तक अनेक कहानियाँ हैं। सबकुछ सिर्फ इसलिए कि व्यक्ति ने अब आधुनिक दवाइयाँ नहीं लीं तथा उसने प्राकृतिक या समग्र उपायों पर भरोसा किया। मुकदमेबाजी एवं अदालती काररवाइयों के बाद भी कोई सकारात्मक रूप से यह नहीं कह सकता कि वे या तो काम करती हैं या नहीं।

इससे पहले कि मैं इस बात का जवाब दूँ कि वे प्रभावी होती हैं या नहीं, मेरा विश्वास है कि वैकल्पिक दवाइयाँ वास्तव में प्रभावी हैं। मैं प्रमाणित कर दूँगा, जो मैं समझता हूँ कि वैकल्पिक दवाइयाँ क्या हैं? मेरा मानना है कि वैकल्पिक दवाइयाँ एक ऐसी धारणा है, जो व्यक्ति को भावनात्मक एवं शारीरिक स्वास्थ्य को बनाए रखने में मदद करती है, जिसे वित्तीय राजनीति स्वीकार नहीं करती है और इसका प्रभाव पारंपरिक दवाइयों पर पड़ता है। मेरा मानना है कि वैकल्पिक दवाइयों के अंतर्गत पेड़ की जड़ों से लेकर आस्था रखनेवाले सबकुछ सम्मिलित हैं।

अब वैकल्पिक दवाइयों की वैधता से संबंधित प्रश्न के मेरे उत्तर के लिए, हाँ, मैं मानता हूँ कि ये प्रभावी होती हैं। सिर्फ ईश्वर में आस्था के कारण नहीं, बल्कि मानव मस्तिष्क की शक्ति में विश्वास के कारण। मेरा मानना है कि ये प्रभावी हैं सिर्फ एक महत्त्वपूर्ण धारणा के कारण। क्या आप अनुमान लगा सकते हैं कि वह धारणा क्या है? अगर अब तक आपने यह पुस्तक पढ़ी है तो शायद आप कह सकते हैं। मैं मानता हूँ कि वैकल्पिक दवाइयों की उनके लिए सफल होने की उनकी प्रशंसनीयता के कारण ही वैकल्पिक दवाइयाँ प्रभावी होती हैं।

मैं मानता हूँ कि कोई बीमार व्यक्ति ठीक हो सकता है, यदि स्वास्थ्य के प्रति उसका दृष्टिकोण सकारात्मक है तो, और वह खुद के तथा अपने परिवेश के नकारात्मक प्रभावों को अपने ऊपर पड़ने न देकर ऐसा कर सकता है। यदि कोई व्यक्ति यह विश्वास करता है कि वह ठीक हो जाएगा, क्योंकि स्टेज पर खड़े व्यक्ति ने उसे भगवान् के नाम का उपदेश दिया है और उसके माथे को चूमा है, फिर मैं वह बहस करनेवाला कौन होता हूँ।

मैं मानता हूँ कि कोई बीमार व्यक्ति ठीक हो सकता है, यदि स्वास्थ्य के प्रति उसका दृष्टिकोण सकारात्मक है तो, और वह खुद के तथा अपने परिवेश के नकारात्मक प्रभावों को अपने ऊपर पड़ने न देकर ऐसा कर सकता है। यदि कोई व्यक्ति यह विश्वास करता है कि वह ठीक हो जाएगा, क्योंकि स्टेज पर खड़े व्यक्ति ने उसे भगवान् के नाम का उपदेश दिया है और उसके माथे को चूमा है, फिर मैं वह बहस करनेवाला कौन होता हूँ। हो सकता है कि वह ठीक हो जाए, क्योंकि वह अपने जूतों में चुंबक रख रहा है। तब तो बहुत अच्छा है। यदि वह स्वस्थ महसूस करता है तो शायद वह है।

मेरा मानना है कि मेरी परिकल्पना का सत्याभासी आधार है और उसकी व्याख्या मैं आगे करूँगा। बहुत सारी बीमारियों का कारण प्राय: प्रतिरक्षा प्रणाली में आए विकार का परिणाम होता है। प्रतिरक्षा प्रणाली

भंग हो जाती है और उससे होनेवाली बीमारी नकारात्मक उत्तेजना का परिणाम हो सकती है, जैसा कि मैंने इसे पहले ही विस्तार से बताया है। इस धारणा का अभिप्राय यह है कि वह व्यक्ति, जो बीमार है, उसकी बीमारी का कारण उसका नकारात्मक आचरण पैटर्न है, जिससे उसमें नकारात्मक प्रतिक्रियाशीलता आ जाती है। सकारात्मक आचरण पैटर्न के निर्माण के लिए इस प्रतिक्रियाशीलता में परिवर्तन से यह प्रक्रिया भी बदल जाएगी।

सकारात्मक उत्तेजना और उसकी मजबूती का एक उदाहरण है विश्राम, जो आमतौर पर वैकल्पिक दवाइयों से आता है; लेकिन वैकल्पिक माध्यम द्वारा स्वास्थ्य की प्राप्ति की दिशा में उतना ही महत्त्वपूर्ण है लक्ष्य की प्राप्ति के प्रति केंद्रित होना। वैकल्पिक दवाइयों का दूसरा महत्त्वपूर्ण पहलू इस धारणा में ही विश्वास हो सकता है। व्यक्ति को विश्वास होता है कि वह ठीक हो रहा है, जिससे उसके भीतर प्रतिक्रियाशीलता के सकारात्मक बहाव का निर्माण होता है। इसके साथ ही रोग संबंधी क्षेत्र पर उसका ध्यान केंद्रित होता है।

सकारात्मक उत्तेजना और उसकी मजबूती का एक उदाहरण है विश्राम, जो आमतौर पर वैकल्पिक दवाइयों से आता है; लेकिन वैकल्पिक माध्यम द्वारा स्वास्थ्य की प्राप्ति की दिशा में उतना ही महत्त्वपूर्ण है लक्ष्य की प्राप्ति के प्रति केंद्रित होना। वैकल्पिक दवाइयों का दूसरा महत्त्वपूर्ण पहलू इस धारणा में ही विश्वास हो सकता है। व्यक्ति को विश्वास होता है कि वह ठीक हो रहा है, जिससे उसके भीतर प्रतिक्रियाशीलता के सकारात्मक बहाव का निर्माण होता है। इसके साथ ही रोग संबंधी क्षेत्र पर उसका ध्यान केंद्रित होता है।

सारांश में, वैकल्पिक दवाइयाँ एक प्रतिमान देती हैं, जिसमें व्यक्ति विश्वास कर सकता है। रोग के समूल नष्ट करने के काम के लिए इस

विश्वास का होना जरूरी है। इस बात को ध्यान में रखते हुए शारीरिक बीमारियों का बहुत बड़ा प्रतिशत भावनात्मक तनाव के परिणामस्वरूप होता है। इस शक्तिशाली विश्वास के साथ ही लक्ष्य के प्रति पूर्णतः केंद्रित रहकर व्यक्ति भावनात्मक मार्गों से शारीरिक रोगों पर प्रहार करना शुरू करता है।

□

20

पीड़ा नियंत्रण

अभी तक मैंने अपने मस्तिष्क की समझ संबंधी कई धारणाओं पर चर्चा कर ली है, लेकिन अभी तक मैंने इस विषय पर कोई बात नहीं की है कि अपने ज्ञान का उपयोग व्यक्ति कैसे कर सकता है। अभी तक मैंने इस विषय पर कोई चर्चा नहीं की है कि आप अपनी पहचान और उससे जुड़ी प्रक्रियाओं को कैसे सही तरह से नियंत्रित कर सकते हैं। इसके कारण हैं। वास्तव में, मैं यह सोचता हूँ कि यह बताने से पहले कि आप अपने मस्तिष्क को किसी काम के लिए प्रोग्राम कैसे करें, उससे पहले आपके लिए यह जानना जरूरी है कि आपके मस्तिष्क की प्रोग्रामिंग किस प्रकार की गई है। यदि आप इस बारे में सोचते हैं, तभी उसका कोई अर्थ है।

कुछ व्यावसायिक स्वास्थ्य विशेषज्ञ आपसे यह कहेंगे कि पीड़ा नियंत्रण के लिए सम्मोहन एक अच्छी चिकित्सा प्रणाली नहीं है। अधिकांश बीमा कंपनियाँ भी यही कहेंगी। अंतर यह है कि उनकी अस्वीकृति से आपकी इसके प्रति राय में कुछ प्रभाव नहीं पड़ता है। कुछ क्षण के लिए इसके बारे में इसी तरह सोचिए। औषधीय उत्पादों से प्रतिवर्ष कितनी आय प्राप्त होती है, कितने चिकित्सक आपको अपनी राहत के लिए अन्य स्रोत ढूँढ़ने के लिए कहेंगे ? मैं बाजी लगाने के लिए तैयार हूँ कि ऐसे डॉक्टर बहुत कम हैं। जहाँ तक बीमा कंपनियाँ जाती

हैं, उनके बारे में भी सोचिए। पिछले कुछ वर्षों तक भी वे मन:चिकित्सा, किरो चिकित्सा एवं कई अन्य प्रकार की चिकित्सा को स्वीकार नहीं करते हैं। क्या आप ऐसी किसी चीज के लिए पैसे देना चाहेंगे, जो आपको नहीं देने चाहिए? बीमा कंपनियों को भी नहीं।

सम्मोहन चिकित्सक के पास कोई प्रौद्योगिकी या प्राय: शिक्षा नहीं होती है कि वह बीमारी का पता लगा सके, जो दर्द का कारण हो। इसी कारण दर्द निरस्त करने के लिए सम्मोहन का प्रयोग नहीं किया जाना चाहिए। यद्यपि दर्द कम करने के लिए इसका प्रयोग किया जा सकता है, फिर भी जब तक डॉक्टर इस बात की अनुमति न दे या यह न कह दे कि वह आपकी पीड़ा को कम करने के लिए और कुछ नहीं कर सकता है।

डॉक्टरों द्वारा सम्मोहन चिकित्सा का अनुमोदन न किए जाने के अपने कारण हैं। एक कारण, मैं समझता हूँ कि अहं कारण से, जो कि मैंने ऊपर बताया है, से अधिक औचित्यपूर्ण। तथ्य यह है कि सम्मोहन चिकित्सा तथा अपनी पहचान एवं उससे जुड़ी प्रक्रियाओं की समझ वास्तव में उस पीड़ा को रोक सकती है। कारण बहुत सरल है। पीड़ा एक सीखा हुआ आचरण है और इसलिए इसे भुलाया भी जा सकता है, रद्द या कम-से-कम छोटा भी किया जा सकता है, जब तक कि आपको इस बात का उचित ज्ञान है कि क्या करना है।

इसके साथ समस्या यह है कि पीड़ा इस बात का लक्षण है कि कुछ गलत है। सम्मोहन चिकित्सक के पास कोई प्रौद्योगिकी या प्राय: शिक्षा नहीं होती है कि वह बीमारी का पता लगा सके, जो दर्द का कारण हो। इसी कारण दर्द निरस्त करने के लिए सम्मोहन का प्रयोग नहीं किया जाना चाहिए। यद्यपि दर्द कम करने के लिए इसका प्रयोग किया जा सकता है, फिर भी जब तक डॉक्टर इस बात की अनुमति न दे या यह न कह दे कि

वह आपकी पीड़ा को कम करने के लिए और कुछ नहीं कर सकता है।

यदि आपको वास्तव में डॉक्टर की अनुमति मिल गई है तो पीड़ा को निरस्त करने की क्रिया आत्म-सम्मोहन, अच्छा अनुभव करने पर ध्यान के गहन केंद्रित एवं शांत होने से ज्यादा और कुछ नहीं है। यदि आप अधिक रचनात्मक होना चाहते हैं तो अपनी पीड़ा के स्तर को आप एक नंबर दे सकते हैं। अब कल्पना कीजिए कि नंबर घटता जा रहा है और पीड़ा के स्तर में गिरावट से इसमें भी कमी आ जाएगी। मुझे मालूम है कि यह सुनने में आसान लगता है, लेकिन एक बार फिर मैं जोर देता हूँ और आपको मालूम है कि मैं किस चीज पर जोर देता हूँ।

मेरी यही सलाह है कि आप इसके लिए एक व्यावसायिक सम्मोहन चिकित्सक की तलाश कीजिए—किसी अन्य कारण से नहीं, बल्कि इसलिए कि वह दर्द को नियंत्रित करने के आपके प्रयास से पहले आपको मस्तिष्क की गहन अवस्था में पहुँचने के लिए प्रशिक्षित कर सके।

□

21

आँखों में यह है

यद्यपि हम यह नहीं कह सकते हैं कि कोई व्यक्ति कैसे सोचता है, लेकिन हम यह कह सकते हैं कि दी गई उत्तेजना की प्रतिक्रिया-स्वरूप वह क्या सोच रहा है। इस खंड का क्या उद्‍देश्य है। मस्तिष्क के दाएँ-बाएँ क्षेत्रों का उपयोग करते हुए मैं आपको यह दिखाऊँगा कि बातचीत के क्रम में आपका साथी बातचीत करने लिए किसी प्रोग्राम तक किस तरह पहुँच स्थापित कर रहा है, उसे कैसे समझें।

पहुँच स्थापित करने के लिए प्रयुक्त संकेतों को समझने से आपको उस व्यक्ति को समझने के लिए महत्त्वपूर्ण स्रोत मिल जाता है। इन संकेतों का प्रयोग करके आप इस तरह काम कर सकते हैं, मानो आप एक जासूस हैं और बातचीत में आपका साथी संदिग्ध है। इस धारणा को समझने में ही समय लगता है, अभ्यास की बात तो छोड़ ही दीजिए, ताकि संदिग्ध को यह न लगे कि आप उसका और उसके शब्दों का गहराई से विश्लेषण कर रहे हैं।

जब किसी व्यक्ति से कोई सूचना याद करने के लिए पूछा जाता है, जो अभी उसके तत्काल सचेत मस्तिष्क में उपलब्ध नहीं है तो उसे एक प्रक्रिया से गुजरना चाहिए, जो उसे उस प्रोग्राम तक पहुँच स्थापित करने और याद करने में समर्थ बनाता है। वह ऐसा दो में से एक तरीके से कर सकता है। वह या तो उसे याद करेगा या उसे गढ़ेगा। इस प्रक्रिया

में सहायता करने के लिए व्यक्ति ने आचरण संकेत स्थापित किए हैं, जिससे उसे उन सूचनाओं को याद करने या गढ़ने में मदद मिलती है। इन संकेतों में उँगली थपथपाने, बड़बड़ाने से लेकर आँखों की गतिविधियाँ भी शामिल हैं। हमने अन्य लोगों के साथ यह होते हुए देखा है और हमने खुद भी यह किया है। यह एक सामान्य प्रक्रिया है, जो जब कभी भी हम किसी प्रोग्राम तक पहुँच स्थापित करने की कोशिश करते हैं तो घटित होती है। यदि मानव एक कंप्यूटर होता तो ये संकेत वे प्रकाश होते हैं, जिनसे यह संकेत मिलता है कि हार्ड ड्राइव सक्रिय है और सूचनाओं की तलाश में है।

मेरा लक्ष्य सभी उद्‌देश्यों से आँखों की गति को समझना है। शोध में यह बात स्पष्ट हो गई है और इस परिकल्पना का समर्थन करती है कि आँखों की पार्श्विक एवं लंबवत् गतिविधियों का प्रमस्तिष्कीय गोलार्द्ध तक सीधा संपर्क होता है। ऐसा संज्ञानात्मक प्रकृति के विभिन्न कार्यों की प्रतिक्रिया-स्वरूप होता है।

मेरा लक्ष्य सभी उद्‌देश्यों से आँखों की गति को समझना है। शोध में यह बात स्पष्ट हो गई है और इस परिकल्पना का समर्थन करती है कि आँखों की पार्श्विक एवं लंबवत् गतिविधियों का प्रमस्तिष्कीय गोलार्द्ध तक सीधा संपर्क होता है। ऐसा संज्ञानात्मक प्रकृति के विभिन्न कार्यों की प्रतिक्रिया-स्वरूप होता है।

इसका सीधा-सा अर्थ यह है कि जब कभी भी कोई स्मृति तक पहुँच स्थापित करता है या इसकी रचना करता है, आँखों का स्थान बदल जाता है, ताकि वह मस्तिष्क के उस हिस्से तक पहुँच स्थापित कर सके, जो इस काम के लिए उपयुक्त है। इन शोध तथा रोग-विषयक पर्यवेक्षणों को ध्यान में रखते हुए बाएँ मस्तिष्क-प्रधान व्यक्ति (दाएँ हाथ के व्यक्ति) में निम्नलिखित पैटर्न की पहचान की गई है—

1. **ऊपर बाईं ओर**—कल्पना करने के लिए गैर-प्रभुत्व अर्द्ध-

गोलार्द्ध (दाईं) में पहुँच स्थापित कीजिए। इस मामले में घटनाएँ संभवत: वैसे ही घटित होती हैं, जैसा उन्हें कहा जाता है।

2. **ऊपर और दाईं ओर**—यह क्षेत्र प्रभुत्ववाला कल्पना संबंधी अर्द्ध-गोलार्द्ध (बाईं) में पहुँच स्थापित करता है। यह घटनाएँ घटित करता है या स्मृति के साथ हेर-फेर करता है। जो कुछ कहा जा रहा है, उसका कुछ भाग हो सकता है कि बनाया या दोबारा से निर्मित किया जा रहा है।
3. **चौरस और बाईं ओर**—यह याद की आवाजों एवं टेप फंदों तक पहुँच स्थापित करता है। गैर-प्रमुख अर्द्ध-गोलार्द्ध। इस प्रकार याद रखना है मानो हाल ही में कोई ऑडियो रिकॉर्डिंग सुनी है।
4. **चौरस और दाईं ओर**—यह ध्वनि संबंधी धारणाओं का निर्माण करता है या उनमें फेर-बदल करता है। प्रभुत्व-प्रधान अर्द्ध-गोलार्द्ध क्या कहना है, यह सोचता है। कुछ करने से पहले वह मन में सोचता है कि वह क्या कहना चाहता है।
5. **नीचे और बाईं ओर**—भीतरी बातचीत, स्वयं के साथ बातचीत करता है। यह मत सोचो कि वह पागल है। हर व्यक्ति कभी-न-कभी ऐसा करता है। इसका यह अभिप्राय नहीं है कि वह वापस जवाब दे रहा है।
6. **नीचे और दाईं ओर**—यह शरीर की संवेदनाओं एवं भावनाओं तक पहुँच स्थापित करता है, जो महसूस हो रही हैं।
7. **सीधा आगे, लेकिन अकेंद्रित या फैला हुआ**—याद की हुई संवेदी सूचनाओं तक शीघ्र पहुँच स्थापित करता है, जो कुछ भी महसूस हुआ हो।

शारीरिक उत्तेजनाओं को याद किया जाता है।

जैसा कि मैंने पहले ही बताया है, गैर-शारीरिक संवाद से जुड़े बहुत सारे तत्त्व हैं। विभिन्न तत्त्वों, जैसे—श्वसन, मांसपेशीय तनाव, आवाज के स्वराघात तथा गति में बदलाव, इन सारी बातों का आनुमानिक रूप से जो कुछ कहा जा रहा है, उस पर प्रभाव पड़ता है। यदि आप स्नायविक-भाषायी प्रोग्रामिंग के बारे में और अधिक जानकारी प्राप्त करना चाहते हैं तो आपको शायद अपने स्थानीय पुस्तकालय जाना चाहिए, क्योंकि मैं तो सिर्फ आँखों के बारे में ही बातें कर रहा हूँ। इसके अलावा जब तक आप इस विषय पर एक विशेषज्ञ बनना नहीं चाहेंगे, आपका अधिकांश समय यही समझने में चला जाएगा कि वह व्यक्ति कैसे बातचीत कर रहा है और फिर आपके पास यह समझने के लिए पर्याप्त समय ही नहीं होगा कि वे क्या कहने की कोशिश कर रहे हैं। आँखें प्रोफेशनल एवं व्यक्तिगत कारणों से भी इस पहेली का बहुत बड़ा हिस्सा हैं।

□

22

संबंध, भाग-1

मुझे पूरा विश्वास है कि आपको अवचेतन मन तथा इसके प्रोग्रामिंग संकेतों को समझने, व्यावसायिक स्तर पर समझने के फायदे का पता चलेगा; लेकिन क्या आपने व्यक्तिगत स्तर के बारे में सोचा है? यदि आप अवचेतन मन और इसके संकेतों से जुड़ी समझ को व्यक्तिगत स्तर पर नहीं समझना चाहते हैं तो हो सकता है कि पुस्तक के इस खंड को आप छोड़ना चाहेंगे, क्योंकि मेरा अगला विषय यही है, जिसके बारे में मैं बातें करने जा रहा हूँ।

क्या आप कभी शराब पीकर घर गए हैं या कभी कक्षा में कुछ लोगों को स्वयं को घूरते हुए देखा है और आपके पलटते ही सभी नीचे देख रहे होते हैं? क्या आपने कभी किसी भीड़ भरे कमरे में किसी ऐसे व्यक्ति को देखा है और जानते हैं कि वही आपका जीवनसाथी है, लेकिन कभी उसका ध्यान आकर्षित नहीं कर पाए? हो सकता है कि आपने सोचा होगा कि वह आपके लिए बहुत अच्छा, बहुत आकर्षक या बहुत सुंदर या दिलचस्प है। कारण चाहे जो भी रहा हो, आपने सचेत रूप से स्वयं को इस बात के लिए भरोसा दिला दिया कि अपनी इच्छित वस्तु पाने की कोशिश नहीं करनी है; लेकिन आपको सोचना चाहिए कि किसी कारणवश ही किसी विशिष्ट व्यक्ति की ओर आकर्षित हुए।

इस व्यक्ति की ओर आकर्षित होने के कारणों पर चर्चा इस पुस्तक

के आरंभ में ही की जा चुकी है; लेकिन यदि आप भूल गए हैं तो मैं आपको दोबारा बताऊँगा। कारण अवचेतन मन है, अधिक विशिष्ट रूप से कहें तो अवचेतन मन का आदिम क्षेत्र, आपके मस्तिष्क का आदिम क्षेत्र आपके मस्तिष्क में आपकी इच्छा के आदिम क्षेत्र के संकेतों को ग्रहण कर रहा था। दूसरे शब्दों में, अवचेतन मन के किसी स्तर पर वह आपको ही ढूँढ़ रहा था, मानो आप ही वह थे या थी।

इस परिदृश्य में समाज एक समस्या है। अपने जीवन के अधिकांश समय और दूसरे लोगों के जीवन के अधिकांश समय में भी आप दोनों की प्रोग्रामिंग इस तरह की गई है कि आपको यह विश्वास रहता है कि आप एक-दूसरे के लिए स्वीकार्य नहीं हैं। उसके मामले में हो सकता है कि उसने यह सोचा होगा कि आप मूर्ख हैं, क्योंकि आपकी पतलून घुटनों से दो इंच ऊपर थी। आपके मामले में हो सकता है कि आपने यह सोचा होगा कि उस जैसा व्यक्ति चश्मे के पार नहीं देख सकता। आपके मामले में जो भी स्थिति रही हो, आप दोनों ने ही यह देखा कि सचेत स्तर पर संबंधित अवचेतन को, प्रेरणा को निरस्त नहीं करना चाहिए, अतएव इसकी परिणति एक ऐसे संबंध के रूप में होती है, जो कभी मूर्त रूप नहीं ले सकता।

अधिक विशिष्ट रूप से कहें तो अवचेतन मन का आदिम क्षेत्र, आपके मस्तिष्क का आदिम क्षेत्र आपके मस्तिष्क में आपकी इच्छा के आदिम क्षेत्र के संकेतों को ग्रहण कर रहा था। दूसरे शब्दों में, अवचेतन मन के किसी स्तर पर वह आपको ही ढूँढ़ रहा था, मानो आप ही वह थे या थी।

पुस्तक का यह खंड इस प्रकार तैयार नहीं किया गया है कि मूर्खों को डॉन जुआंस में बदल दे। इसका प्रयास यह है कि पाठकों को यह समझने में मदद करे कि आम आदमी आम आदमी ही है, हम उसे बाह्य रूप में कैसे प्रस्तुत करें, यह हमारे मन का भीतरी भाग ही है,

जो आकर्षण के सिद्धांत का निर्धारण करता है।

अगर आप इस पुस्तक को पढ़ते रहे हैं तो आपको मालूम है कि स्वयं को अपनी अवचेतन की प्रेरणा को पूरा करने का मौका देने के लिए आपको सबसे पहले अपने मन के विश्लेषणात्मक भाग को निरस्त करना चाहिए। दूसरे शब्दों में, आपको (इच्छा) सहज ज्ञान रूप से क्या करने की जरूरत है, इसका अनुसरण करके अपने संबंध पैटर्न पर नियंत्रण प्राप्त करना होगा।

पुस्तक का यह खंड इस प्रकार तैयार नहीं किया गया है कि मूर्खों को डॉन जुआंस में बदल दे। इसका प्रयास यह है कि पाठकों को यह समझने में मदद करे कि आम आदमी आम आदमी ही है, हम उसे बाह्य रूप में कैसे प्रस्तुत करें, यह हमारे मन का भीतरी भाग ही है, जो आकर्षण के सिद्धांत का निर्धारण करता है।

निश्चित रूप से, पुस्तक का यह खंड सामान्य लोगों के आचरण पैटर्न पर आधारित है, न कि उन लोगों के, जिनके तीव्र संबंध मुद्दे रहे हैं, जो प्रायः उग्र स्वाभिमान का परिणाम होता है। यदि आप ऐसे लोगों में से एक हैं तो मैं आपको सलाह देता हूँ कि इस खंड से पहलेवाले भाग को पढ़ें और अपने मस्तिष्क की दोबारा से प्रोग्रामिंग करें, ताकि स्वाभिमान कोई मुद्दा ही नहीं रहे। हो सकता है कि तब आप उस लड़के साथ रहना छोड़ देंगे, जो आपको पीटता है या वह महिला, जो सिर्फ आपके बैंक खाते का ही उपयोग करती है।

□

23

संबंध, भाग-2

अब तो यह सिद्ध हो चुका है कि आपके और आपके साथी के बीच आरंभिक आकर्षण के लिए किसी हद तक उत्कृष्ट स्तर तक आपका अवचेतन मन ही उत्तरदायी है। हमने यह भी प्रमाणित किया है कि आपको अपनी सहज प्रवृत्ति के अनुकूल प्रतिक्रिया करना भी जरूरी है, इसलिए अपने अवचेतन आकर्षण की तुष्टि के लिए संभावित रूप से अपने चेतन विश्लेषण की उपेक्षा कीजिए।

अभी तक हमने जिस चीज पर कोई चर्चा नहीं की है, वह यह है कि जब आप तीन महीने के लिए बाहर जाएँ और आप उन सभी छोटी-छोटी चीजों से घृणा करने लगते हैं, जिनसे आपको पहले कभी बहुत प्यार था। तो उन छोटी-छोटी चीजों को याद कीजिए, जिन पर मैंने पहले ही चर्चा की है; जैसे संवाद-प्रक्रिया (एक बात करता है, दूसरा सुनता है)। ठीक है, अभी और भी बहुत कुछ है। यह अवश्यंभावी है, यह होने जा रहा है। सभी छोटी-छोटी आदतें, जो शुरू में इतनी अच्छी लगती हैं, अब वे बुरी लगने लगी हैं। अब आप शौचालय में फिसलकर गिरने का सोच भी नहीं सकते, क्योंकि यह हास्यास्पद लगता है कि कोई सीट को वापस नीचे लगाना भूल गया।

आपको मालूम है कि यह सिर्फ समय की बात है और इससे पहले कि स्थिति नियंत्रण से बाहर हो, आपका बचाव होना है। हो सकता है कि

आपको उसका बाथ-टब में शरीर पर तेल लगाना पसंद न हो, जिससे कि उसमें फिसलन आ जाती है। आपको पता ही है कि यह समय की ही बात है, जब आप अपने काम से घर वापस आते हैं, अपने कपड़े उतारते हैं और नहाने के लिए कूद पड़ते हैं और जब आपकी आँखें खुलती हैं तो आप स्वयं को एंबुलेंस में पाते हैं।

आपको पता ही है कि यह समय की ही बात है, जब आप अपने काम से घर वापस आते हैं, अपने कपड़े उतारते हैं और नहाने के लिए कूद पड़ते हैं और जब आपकी आँखें खुलती हैं तो आप स्वयं को एंबुलेंस में पाते हैं।

आपका चिढ़ाने का जो भी तरीका हो (और हमेशा कम-से-कम एक होता है) इसका विचार ही आपको परेशान कर देता है। किसी भी तरह यह संबंध लंबा नहीं चल सकता है; लेकिन शुरू में यही कितना अच्छा लगता था।

यह सबकुछ कहा और किया जा चुका है। इस संबंध को तोड़ने का कोई कारण नहीं है। फिर यह सारा रहस्य क्यों है?

संबंधों और उन्हें कैसे साथ रखा जाए, इस विषय पर बहुत सारी पुस्तकें लिखी जा चुकी हैं।

मुझे नहीं मालूम कि इस विषय पर इतनी पुस्तकें क्यों लिखी गई हैं। मेरा मानना है कि ऐसा इसलिए है कि लोगों को ऐसी पुस्तक की प्रतीक्षा रहती है, जो सचमुच काम करे या इस विषय पर कुछ जानकारी दे। जैसा कि मैंने पहले ही बताया है, मैं सभी प्रश्नों के उत्तर देने का बहाना नहीं करता; लेकिन मैं आपको यह बता सकता हूँ कि ऐसा आपके साथ न हो, उसे कैसे रोकें। अच्छी बात यह है कि यह आपको इस पुस्तक के उप-उत्पाद के रूप में मिलेगा, न कि 200 पृष्ठों की एक पुस्तक, बस, एक छोटा-सा अध्याय।

यह पूरी तरह से प्रतिक्रियाशीलता के सिद्धांत पर आधारित है।

निश्चित रूप से और किस चीज के बारे में सोचा जा सकता है, जब आप प्रतिक्रियाशीलता विषय पर पुस्तक पढ़ रहे हैं ? चलिए, मैं समझाता हूँ। याद कीजिए, मैंने पुस्तक के शुरू में ही बताया था कि विपरीत के प्रति आकर्षण होता है और जिस किसी चीज की भी लोग अपने भीतर कमी पाते हैं, वे चीजें अवचेतन रूप से विपरीत में पूर्णता के लिए ढूँढ़ते हैं। व्यक्ति में पूर्ण होने की अवचेतन कामना होती है, इसलिए विपरीत के प्रति आकर्षण होता है, ठीक चुंबक की तरह।

याद कीजिए, मैंने पुस्तक के शुरू में ही बताया था कि विपरीत के प्रति आकर्षण होता है और जिस किसी चीज की भी लोग अपने भीतर कमी पाते हैं, वे चीजें अवचेतन रूप से विपरीत में पूर्णता के लिए ढूँढ़ते हैं। व्यक्ति में पूर्ण होने की अवचेतन कामना होती है, इसलिए विपरीत के प्रति आकर्षण होता है, ठीक चुंबक की तरह।

संबंध के आरंभ में व्यक्ति का अपने साथी के साथ रहने का कारण होता है, जिसमें वह प्रायः जोर देता है कि उनमें कई चीजें सामान्य हैं। वास्तव में, आप में जो चीजें भी सामान्य हैं, वे आपकी विपरीत क्रियाशीलता का आचरण हैं। याद कीजिए, मैंने कहा था कि लोग स्पष्ट रूप से शत-प्रतिशत शारीरिक या भावनात्मक रूप से संवेदनशील नहीं हो सकते हैं। इसका अभिप्राय यह है कि हममें एक निश्चित प्रतिशत ऐसे विपरीत लोगों का भी होगा, जो हमारे प्रभुत्व प्रतिक्रियाशीलता/आचरण से विपरीत होगा। यही अप्रभावी प्रतिक्रियाशीलता आचरण ही साथियों में संबंध की आरंभिक अवस्था में सामान्य है।

जब भी कोई संबंध टूटता है तो सिर्फ इसलिए कि प्रायः व्यक्ति का प्रभुत्वशाली आचरण पैटर्न दोबारा स्थापित हो रहा है। यह पैटर्न प्रायः संबंध के तीसरे महीने के आसपास खुलता है। प्रायः यह इस समय होता

है, क्योंकि इस समय पार्टनर एक-दूसरे के साथ इतना सुखद महसूस करने लगते हैं और ऐसा दरशाने लगते हैं कि मानो उनकी प्रोग्रामिंग ही ऐसे की गई हो। यह नहीं कहना चाहिए कि संबंध स्थापित करने के लिए लोग बदल जाते हैं। होता सिर्फ यह है कि वे अवचेतन रूप से अपने द्वितीयक या अप्रभावी आचरण का प्रयोग करते हैं, ताकि वांछित साथी के साथ सहज संबंध का निर्माण हो सके।

दो और दो को साथ मिलाने से आपको चार प्राप्त करने में मदद मिलनी चाहिए। संबंध को प्रगाढ़ बनाने के लिए जोड़ों को सबसे पहले यह समझना चाहिए कि दूसरा साथी किस तरह सोचता है और उत्तेजना के प्रति प्रतिक्रिया करता है।

दो और दो को साथ मिलाने से आपको चार प्राप्त करने में मदद मिलनी चाहिए। संबंध को प्रगाढ़ बनाने के लिए जोड़ों को सबसे पहले यह समझना चाहिए कि दूसरा साथी किस तरह सोचता है और उत्तेजना के प्रति प्रतिक्रिया करता है।

इसलिए, अपने साथी के प्रभुत्व आचरण/प्रतिक्रियाशीलता को समझना संबंध की सफलता का एक महत्त्वपूर्ण अवयव है। इस समझ से आपको और आपके साथी को एक-दूसरे के प्रति अनुकूल बनने में मदद मिलेगी, अपने अप्रभावी आचरण के अधिक संपर्क में आने के कारण। तथ्य यह है कि आप दोनों में ही अपने आचरण के प्रदर्शन की क्षमता है या आप शायद पहली नजर में एक साथ ही नहीं रहेंगे। आपको अपना आचरण समझने के लिए अपनी भूमिका निभानी पड़ेगी और फिर इसे स्वीकार कीजिए, या इसे बदलने के लिए साथ मिलकर काम कीजिए। यद्यपि यह आपके विपरीत प्रतिक्रिय़ा ही थी, जिसने प्रारंभिक आकर्षण पैदा कियां और अप्रभावी लक्षणों की सामान्यता के कारण आप इकट्ठे रहे। उसी तरह विपरीत प्रतिक्रियाशीलता की अज्ञानता आपको एक-दूसरे से दूर कर देगी।

□

24

सपने

स्वप्न आचरण प्रोग्रामिंग एवं प्रतिक्रियाशीलता का एक महत्त्वपूर्ण पहलू है। स्वप्न स्थानापन्न आचरण के लिए अवचेतन मन से निकलने के लिए एक निर्गम मार्ग के रूप में काम करता है या यह एक ऐसे संकेतक के रूप में भी काम करता है कि या तो आपके मस्तिष्क ने परिवर्तित संदेशों को पूरी तरह स्वीकार किया है। स्वप्नों से आपको पता चल जाता है कि संदेशों को स्वीकार किया गया है या नहीं।

एक बार फिर, स्वप्नों एवं उनके अभिप्राय के विषय में अनेक पुस्तकें लिखी जा चुकी हैं। ऐसी भी पुस्तकें हैं, जो संकेतों, रंगों एवं भावनाओं का अर्थ समझाती हैं। इस धारणा के बारे में मैं एक बात बता सकता हूँ—बेमतलब की बात। कोई भी पुस्तक आपको यह नहीं बता सकती कि संकेतों का आपके अवचेतन मन के लिए क्या अर्थ है। यह आपका अवचेतन मन ही है, जो संकेतों की रचना करता है। सिर्फ आप ही यह बता सकते हैं कि आपके सपने आपको क्या कहते हैं, यद्यपि कुछ लोग सही प्रकार के प्रश्न पूछकर आपके लिए सलाहकार की भूमिका निभा सकते हैं। यदि सपनों के बारे में आप सिर्फ एक बात याद रखें तो वह यह है कि सपने महत्त्वपूर्ण होते हैं। सपने मूल रूप से आपके अवचेतन मन द्वारा आपसे संवाद करने का एक प्रयास होता है। सिर्फ इसलिए कि आप उस भाषा को नहीं समझते हैं, जिसमें संवाद हो रहा है। इसका यह

आशय नहीं है कि भेजा जा रहा संदेश महत्त्वपूर्ण नहीं है।

जब इसका संबंध अवचेतन मन से होता है तो सपनों को तीन **भिन्न** श्रेणियों में विभाजित किया जा सकता है। वे सभी हमारे सोने के पैटर्न में विभिन्न बिंदुओं पर घटित होते हैं।

महत्त्वाकांक्षी विचार

यह अवस्था हमारे सोने के पैटर्न के पहले तिहाई हिस्से में घटित होती है। आमतौर पर इस अवस्था के बारे में हमें ज्यादा कुछ याद नहीं रहता है। यह वह समय है, जब आप उन चीजों के बारे में सोचते हुए सो जाते हैं, जिन्हें आपको उन्हें भौतिक रूप से वास्तव में प्राप्त करने की कामना होती है।

पूर्वानुमान पर आधारित विचार

दूसरी अवस्था हमारे सोने के पैटर्न के दूसरे तिहाई हिस्से में घटित होती है। यह अवस्था मनोवैज्ञानिक तथ्यों पर आधारित अनेक पुस्तकों की विषय-वस्तु रही है। एक तरह से हमें इस विषय-वस्तु से परिचित होने की अनुभूति होती है, जिसके विषय में हमें लगता है कि हम वास्तव में कभी नहीं जानते थे। तथ्य यह है कि अवचेतन मन उन रास्तों के बारे में भविष्यवाणी करने का प्रयास करता रहेगा, जिन्हें आप सचेत स्तर पर वर्तमान में ले रहे हैं। समस्या यह है कि अधिकांश लोगों में सुबह के समय जागने पर सबसे पहले उन सूचनाओं को याद करने की क्षमता नहीं होती है और आधी रात में इसी सपने के कारण उनकी आँख खुलती है तो वे उन सूचनाओं को लिखने में विफल रहते हैं। सूचनाएँ अल्पावधि की स्मृति में हस्तांतरित हो जाती हैं और इसलिए उसे आप तब तक दोबारा याद नहीं कर सकते, जब तक कि कोई निश्चित परिस्थिति उसे वापस लाने के लिए उसे सक्रिय नहीं करती है। पुनः वापसी की सक्रियता से उसे परिचित अनुभूति होती है, जिससे उसकी मुठभेड़ पहले हुई थी। आपको

अवचेतन मन उन रास्तों के बारे में भविष्यवाणी करने का प्रयास करता रहेगा, जिन्हें आप सचेत स्तर पर वर्तमान में ले रहे हैं। समस्या यह है कि अधिकांश लोगों में सुबह के समय जागने पर सबसे पहले उन सूचनाओं को याद करने की क्षमता नहीं होती है और आधी रात में इसी सपने के कारण उनकी आँख खुलती है तो वे उन सूचनाओं को लिखने में विफल रहते हैं। सूचनाएँ अल्पावधि की स्मृति में हस्तांतरित हो जाती हैं और इसलिए उसे आप तब तक दोबारा याद नहीं कर सकते, जब तक कि कोई निश्चित परिस्थिति उसे वापस लाने के लिए उसे सक्रिय नहीं करती है।

वास्तव में मुठभेड़ का अनुभव हुआ था, यद्यपि यह आपके सपने में हुआ था। उन व्यक्तियों के लिए यह सलाह है, जो अपने सपनों के इस भाग से अच्छी तरह परिचित होना चाहते हैं। वह यह है कि सोते समय वे अपने साथ एक नोटपैड लेकर जाएँ और पूरा होने पर उन सपनों को उसमें लिखें। इस धारणा से जुड़ी वास्तविकताओं के विस्तार में जाने पर मैं यह सलाह दूँगा कि आप चेतन स्तर पर इस बात पर ध्यान केंद्रित कीजिए कि वे सपने आपसे क्या कह रहे थे? उन भावनाओं पर विशेष ध्यान दीजिए, जो उन संकेतों से जुड़ी हैं, जिनसे आप परिचित हैं। यह पता लगाइए कि आपकी भावनाएँ उन सपनों के विषय में क्या कह रही हैं। निम्नांकित पर ध्यान दीजिए—

1. संकेतों को आप पहचान सकते हैं।
2. निश्चित लोग (उनका आपके लिए क्या महत्त्व है?)
3. क्या आप सपने में थे या देख रहे थे?

इस विषय-वस्तु द्वारा उत्तेजित भावनाओं को जोड़ने के प्रयास द्वारा अपने अवचेतन की भाषाओं का विश्लेषण करने का प्रयास कीजिए।

सपनों को खोलना

नींद के पैटर्न की तीसरी अवस्था में सपनों के पैटर्न की तीसरी अवस्था घटित होती है, जो प्रायः हमारे जागने से ठीक पहले का समय होता है। ये वे सपने होते हैं, जिन्हें हम विविध रूप में याद रखते हैं। यही सपने की वह अवस्था है, जो प्रतिक्रियाशीलता के लिए सबसे ज्यादा महत्त्वपूर्ण होती है। यह अवचेतन मन को परिवर्तन की प्रक्रियाओं से जुड़े पूर्व में स्थानापन्न किए गए पैटर्न को निकालने में समर्थ करती है। सपनों के बिना हमारे लिए अपने नकारात्मक आचरण पैटर्न से छुटकारा पाना बहुत ही मुश्किल होगा, क्योंकि उनकी निकासी का और कोई रास्ता नहीं होगा। सपनों की निकासी की अवस्था के अस्तित्व के प्रति सजग न होने से जुड़ी एक समस्या यह है कि हम सबसे पहले जागने पर भी अति प्रतिक्रियाशील होते हैं। प्रभावी रूप से प्रतिक्रियाशीलता में बढ़ोतरी नकारात्मक आचरण पैटर्न को अवचेतन मन में वापस ला सकती है, यद्यपि हमने उसे निकाल देने का प्रयास भी किया। इस प्रक्रिया से आचरण और भी मजबूत होता है।

एक बार यदि व्यक्ति को यह पता चल जाता है कि सपनों की निकासी बस, एक निकासी है, न कि एक अवचेतन संकेतक, तभी वह सचेत रूप में अपने आचरण का विश्लेषण और उन्हें नकारने में समर्थ होगा। इस स्थानापन्न किए गए आचरण को अवचेतन मन में एक मजबूत आधार बनाने में मदद मिलती है, जिससे अनुकूल आचरण की स्वीकृति की संभावनाओं में बढ़ोतरी होती है।

□

25

मजबूत आधार का निर्माण

पुस्तक के आरंभ से ही मैं यह कोशिश करता रहा हूँ कि आपको वे साधन उपलब्ध कराऊँ, जो यह समझने के लिए आवश्यक होते हैं कि अपनी सचेत इच्छा और लक्ष्य के अनुकूल आचरण को क्या और कैसे बदलें। मैंने उन प्रक्रियाओं को भी विस्तार से बताया है, जिनकी आपको उन लक्ष्यों की प्राप्ति के लिए आवश्यकता होगी।

अब मैं पुस्तक के इस खंड को उन सूचनाओं के लिए समर्पित कर रहा हूँ, जो आपको उन अवयवों की एक मजबूत आधारशिला प्रदान करेगी, जो अच्छे संकेत के विकास के लिए आवश्यक होते हैं।

आपके इस बात से संतुष्ट हो जाने के बाद कि आचरण परिवर्तन प्रक्रिया को आपके अवचेतन मस्तिष्क की प्रोग्रामिंग में स्वीकार्य होने के लिए अन्य सभी अवयव पूरे हो गए हैं, आपको इस बात पर अपना ध्यान केंद्रित करना चाहिए कि किस प्रकार आप संकेत का निर्माण करने जा रहे हैं, ताकि आपका मस्तिष्क चेतन और अवचेतन स्तर पर भी उसे स्वीकार कर ले। सफल संकेत का निर्माण करने के लिए प्रक्रियाएँ हैं, जो आपको करनी होंगी। मैंने नीचे उन प्रक्रियाओं का उल्लेख किया है—

(क) समस्या की पहचान कीजिए

यह पहचान कीजिए कि आपके वर्तमान आचरण पैटर्न की क्या समस्याएँ आपके जीवन में समस्याएँ पैदा कर रही हैं। उन समस्याओं

की पहचान करने के बाद उन्हें लिख लीजिए और फिर उन्हें स्वयं से दूर रख दीजिए। आप समस्याओं और उनसे उत्पन्न होनेवाली चीजों पर अपना ध्यान केंद्रित नहीं करने जा रहे हैं, क्योंकि उससे मूलतः नकारात्मक चिंता एवं अनावश्यक तनाव पैदा होता है।

(ख) अपना समाधान ढूँढ़िए

समस्या का समाधान आपके भीतर ही है। कोई भी आपको यह नहीं बता सकता कि आपका आचरण ऐसा क्यों हुआ। वे तो सिर्फ एक सलाहकार की तरह आपको इसके समाधान में मदद करेंगे। वस्तुतः आचरण के कारण को पहचानने की जरूरत ही नहीं। यहीं पर मनोविज्ञान डगमगाता है। मनोवैज्ञानिक कारणों पर इतना ध्यान देते हैं और इतना समय लगाते हैं, जिससे मुवक्किल को दोष हस्तांतरित करने का मौका मिल जाता है। न सिर्फ प्रायः दोष हस्तांतरित होते हैं, बल्कि समस्या के लिए एक मजबूत आधार का भी निर्माण हो जाता है। जब आप समस्या के कारण पर अपना ध्यान केंद्रित करते हैं तो अवचेतन मन को समस्या के अस्तित्व को सुदृढ़ करने का मौका मिल जाता है और फिर वह एक ऐसे आचरण का निर्माण कर देता है, जो इससे जुड़ जाता है और उसे सुदृढ़ करना जारी रखता है।

न सिर्फ प्रायः दोष हस्तांतरित होते हैं, बल्कि समस्या के लिए एक मजबूत आधार का भी निर्माण हो जाता है। जब आप समस्या के कारण पर अपना ध्यान केंद्रित करते हैं तो अवचेतन मन को समस्या के अस्तित्व को सुदृढ़ करने का मौका मिल जाता है और फिर वह एक ऐसे आचरण का निर्माण कर देता है, जो इससे जुड़ जाता है और उसे सुदृढ़ करना जारी रखता है।

इस बात पर अपना ध्यान केंद्रित कीजिए कि आप कथित समस्या पर किस प्रकार नियंत्रण करने जा रहे हैं। बहुत संभव है कि यह कारण

वर्षों की नकारात्मक चिंता और निरंतर प्रयास का परिणाम है। कारण पर निरंतर ध्यान देने से ऐसी स्थिति उत्पन्न होती है, जो इस बात की अपेक्षा करती है कि आप अपनी और अधिक ऊर्जा नकारात्मक में लगाएँ, न कि संकेत के सकारात्मक में। समस्या के समाधान का एक महत्त्वपूर्ण अवयव यह है कि आप इसे ऐसी भाषा में व्यक्त करें, जिसे आप समझ सकते हैं। यदि आप शारीरिक हैं तो यह सुनिश्चित कीजिए कि आप भाषाई संकेतों का प्रयोग करें। यदि आप भावनात्मक हैं तो आप अनुमानित संकेतों का प्रयोग करें। संकेत का निर्माण करने का सबसे अच्छा तरीका यह है कि भाषाई (मौखिक) और अनुमानित (गैर-मौखिक) दोनों संकेतों का प्रयोग करें। इससे संभवतः संकेतों के अनुकूल परिणाम सुनिश्चित किए जा सकते हैं।

समस्या के समाधान का एक महत्त्वपूर्ण अवयव यह है कि आप इसे ऐसी भाषा में व्यक्त करें, जिसे आप समझ सकते हैं। यदि आप शारीरिक हैं तो यह सुनिश्चित कीजिए कि आप भाषाई संकेतों का प्रयोग करें। यदि आप भावनात्मक हैं तो आप अनुमानित संकेतों का प्रयोग करें। संकेत का निर्माण करने का सबसे अच्छा तरीका यह है कि भाषाई (मौखिक) और अनुमानित (गैर-मौखिक) दोनों संकेतों का प्रयोग करें। इससे संभवतः संकेतों के अनुकूल परिणाम सुनिश्चित किए जा सकते हैं।

अपनी कल्पना का प्रयोग करें

यहीं पर आपकी कल्पना प्रभावी भूमिका निभा सकती है। उदाहरण के लिए, यदि आपकी समस्या कोई बीमारी है तो हो सकता है कि समस्या का समाधान प्रतिरक्षा प्रणाली के निर्माण एवं पौष्टिक प्रक्रियाओं को प्रभावित क्षेत्रों की ओर निर्देशित करने में निहित हो। कल्पना कीजिए कि आपका आकार सिकुड़कर एक रक्त कोशिका के आकार का हो गया है और स्वयं को रोग को परास्त करने में सक्रिय भूमिका

निभाते हुए देखिए। सुनने में यह बात मूर्खता लगती है; लेकिन यह एक ऐसा उदाहरण है, जो अतीत में प्रभावी रहा है। वास्तव में, यह आमतौर पर अवचेतन रूप से नियंत्रित प्रतिरक्षा प्रणाली को बाहरी शक्ति द्वारा नियंत्रित करने की व्यवस्था करता है। वह बाहरी शक्ति आप हैं।

स्वयं को सम्मोहन के पश्चात् संकेत दीजिए

इस बिंदु पर आपको यह महसूस होता है कि आपने अपने मस्तिष्क की एक अवस्था का निर्माण कर लिया है। अपने आपको एक प्रक्रिया के माध्यम से इस साधन तक और अधिक पहुँच स्थापित करने दीजिए। उस प्रक्रिया को एक मुख्य शब्द द्वारा सक्रिय कीजिए, ताकि आपके अवचेतन मन तक यह सूचना पहुँचे कि आप इस तक पहुँच स्थापित करने की तैयारी कर रहे हैं। स्वयं को विश्राम एवं नकारात्मक चिंता से मुक्ति द्वारा उन्मुक्त कर दीजिए। किसी सामान्य प्रक्रिया, जैसे श्वसन से संबद्ध करके, स्वयं को एक संकेत दीजिए। इससे आपके अवचेतन मन को संकेत को सामान्य प्रक्रिया से संबद्ध करने में सहायता मिलेगी, जिससे भविष्य की सफलता का आधार बनेगा।

यह एक बहुत ही महत्त्वपूर्ण कदम है, क्योंकि आपसे जुड़ी हर चीज इस प्रक्रिया के विरुद्ध है। आपके लिए अन्य संबद्ध आचरण के साथ संकेत की सफलता को पढ़ना बहुत ही महत्त्वपूर्ण है। अपने आपसे लगातार यह बात कहते रहिए कि आप आपने लाभ के लिए यह कर रहे हैं। इसके सुदृढ़ीकरण का श्रेष्ठ समय सुबह-सवेरे, रात में सोने जाने से ठीक पहले और जब आप क्रमिक विश्राम की अवस्था से जागते हैं, तब है।

इसे मनोरंजक बनाइए

अपने आचरण को बदलना, जिसकी आपको पूरी जिंदगी आदत

रही है, स्पष्टत: कोई आसान काम नहीं है; लेकिन आप इसे मनोरंजक बना सकते हैं। अपने सत्रों का उपयोग कल्पना को भटकाने, सुख-शांति की एक तसवीर बनाने में कीजिए।

सुदृढ़ीकरण

यह एक बहुत ही महत्त्वपूर्ण कदम है, क्योंकि आपसे जुड़ी हर चीज इस प्रक्रिया के विरुद्ध है। आपके लिए अन्य संबद्ध आचरण के साथ संकेत की सफलता को पढ़ना बहुत ही महत्त्वपूर्ण है। अपने आपसे लगातार यह बात कहते रहिए कि आप अपने लाभ के लिए यह कर रहे हैं। इसके सुदृढ़ीकरण का श्रेष्ठ समय सुबह-सवेरे, रात में सोने जाने से ठीक पहले और जब आप क्रमिक विश्राम की अवस्था से जागते हैं, तब है।

प्रतिस्थापना

किसी सफल परिवर्तन प्रक्रिया का एक महत्त्वपूर्ण पहलू यह समझना है कि नकारात्मक का प्रतिस्थापन आवश्यक है। दूसरे शब्दों में, नकारात्मक आचरण को तुच्छ बात या वस्तु से प्रतिस्थापन करने की कोशिश मत कीजिए, वरना मस्तिष्क नकारात्मक की तरफ वापस चला जाएगा। आचरण तो पहले ही स्थापित हो चुका है, इसलिए यह प्रोग्रामिंग के एक खंड को संतुष्ट करता है। इसे एक संयुक्त फ्लैट के रूप में सोचिए। जब कोई भी फ्लैट छोड़कर चला जाता है तो मकान मालिक को उस खाली मकान के लिए किसी अन्य को ढूँढ़ना पड़ता है, वरना वह अपना ऋण नहीं चुका पाएगा। इस मामले में बिल्कुल ऐसा ही होता है। इसलिए यह सुनिश्चित कीजिए कि नकारात्मक आचरण को सकारात्मक आचरण द्वारा प्रतिस्थापित कीजिए। इसके अलावा, आचरण को बदलने के पीछे पूर्ण विचार यह है कि इसे ऐसा बनाएँ, जिससे आप खुश रहें।

□

26

वास्तविक आचरण

यहाँ तक इस पुस्तक को पढ़ने के बाद अब आप यह निष्कर्ष निकाल सकते हैं कि हमारा आचरण मस्तिष्क की अति प्रतिक्रियाशील अवस्था से उत्पन्न उत्तेजना के कारण हमारी अवचेतन प्रोग्रामिंग का एक हिस्सा बन जाता है। हमने संक्षेप में यह चर्चा भी की कि अपनी तथा दूसरे की भी संकेत प्रक्रिया को किस प्रकार प्रभावित करें। हमने वास्तव में आचरण तथा किस प्रकार के आचरण वांछनीय और अवांछनीय हैं, इस विषय पर चर्चा नहीं की है।

मैं बहुत विस्तार से विशिष्ट आचरण पर चर्चा नहीं करूँगा और न ही इस पर कि मस्तिष्क की किसी प्रतिक्रियाशील अवस्था के कारण वे हमारी प्रोग्रामिंग का हिस्सा कैसे बन जाते हैं तथा मस्तिष्क की यह अवस्था मानसिक आघात या ऐसी ही स्थिति के कारण होती है; बल्कि मैं आपको उन सूचनाओं का उपयोग करने के लिए छोड़ रहा हूँ, जो अब तक आपने प्राप्त की हैं और खुद ही यह निष्कर्ष निकालिए कि क्यों और कैसे ये आचरण हमारे पैटर्न का हिस्सा बन गए। फिर भी, मैं थोड़ा आगे निश्चित आचरण पैटर्न पर विस्तार से चर्चा करूँगा, जिससे हमारा समाज ग्रस्त है।

धूम्रपान

मैं समझता हूँ कि सम्मोहन का कोई भी सम्मानित छात्र यह सीखना चाहेगा कि किसी को भी धूम्रपान से रोकने के लिए किस प्रकार प्रेरित किया जाए, क्योंकि यही वह पहली बात है, जो लोग यह जानने के बाद कि आप इस कला का अभ्यास करते हैं, प्रायः पूछते हैं। किसी भी व्यक्ति को इस आदत से रोकने में मदद करने के लिए आपको सबसे पहले यह जानना चाहिए कि किसी भी अन्य आदत की तरह कई कारण हो सकते हैं, जिनकी वजह से व्यक्ति ने धूम्रपान की आदत डाली हो और वे सारी वजहें उनके अनुसार तर्कसंगत होती हैं। उनमें किसी भी कारण के प्रति आपको चिंता नहीं होनी चाहिए और दीर्घावधि में वे व्यक्ति लिए किसी भी तरह से उसकी शरण-स्थली बन जाती हैं।

किसी भी व्यक्ति को इस आदत से रोकने में मदद करने के लिए आपको सबसे पहले यह जानना चाहिए कि किसी भी अन्य आदत की तरह कई कारण हो सकते हैं, जिनकी वजह से व्यक्ति ने धूम्रपान की आदत डाली हो और वे सारी वजहें उनके अनुसार तर्कसंगत होती हैं। उनमें किसी भी कारण के प्रति आपको चिंता नहीं होनी चाहिए और दीर्घावधि में वे व्यक्ति लिए किसी भी तरह से उसकी शरण-स्थली बन जाती हैं।

धूम्रपान के बारे में दूसरी बात जो जानने की जरूरत है, वह यह है कि यह एक लत है और इससे उसी तरह निपटना चाहिए। आचरण परिवर्तन प्रक्रिया के सफल होने के लिए व्यक्ति को यह सोचना चाहिए कि वह अपने लिए इसे छोड़ देगा, न कि किसी दूसरे के लिए। लत दो अलग-अलग स्तरों पर होती है। इनमें पहला स्तर अवचेतन भावनात्मक स्तर है और दूसरा है शरीर की निकोटिन की उत्कट इच्छा को संतुष्ट करने की जरूरत, जिसकी सामान्यतः इस आदत द्वारा आपूर्ति की जाती है।

धूम्रपान मूलत: दो तरह की लतें हैं और इसलिए इससे दो अलग-अलग तरीके से निपटना चाहिए। मैंने एक प्रक्रिया प्रस्तुत की है, जो विगत में मेरे मुवक्किलों के साथ प्रभावी रही है।

चेतन

मैं सुनिश्चित करता हूँ कि मुवक्किल लत को तथा उस लत का अपने जीवन पर नियंत्रण पहचाने।

मैं अपने मुवक्किलों से कहता हूँ कि वे एक चार्ट बनाएँ, जिसमें यह दिखाएँ कि उस लत को संतुष्ट करने के लिए उन्होंने कितने पैसे खर्च किए (दैनिक रोजनामचा)।

मैं अपने मुवक्किलों से उस लत को छोड़ने का कारण लिखने के लिए कहता हूँ।

हम साथ मिलकर उस लत को छोड़ने की योजना बनाते हैं।

योजना बनाना जरूरी है ('योजना' पर खंड को देखिए)।

एक योजना, जिसका मैंने विगत में प्रयोग किया, वह वास्तव में मुवक्किल की आदत को छुड़ाना है, ठीक उसी तरह जिस तरह कुत्ते के बच्चे से माँ का दूध छुड़ाना होता है। इस प्रक्रिया में लगभग छह सप्ताह का समय लगता है; लेकिन यह प्राय: मेरी सभी योजनाओं में सबसे ज्यादा सफल योजना रही है। यह सिगरेट के अल्पाहार पर आधारित है, जिससे

एक योजना, जिसका मैंने विगत में प्रयोग किया, वह वास्तव में मुवक्किल की आदत को छुड़ाना है, ठीक उसी तरह जिस तरह कुत्ते के बच्चे से माँ का दूध छुड़ाना होता है। इस प्रक्रिया में लगभग छह सप्ताह का समय लगता है; लेकिन यह प्राय: मेरी सभी योजनाओं में सबसे ज्यादा सफल योजना रही है। यह सिगरेट के अल्पाहार पर आधारित है, जिससे निकोटिन की उत्कट इच्छा को संतुष्ट किया जा सकता है, जबकि इससे जुड़ी आचरण संबंधी आदतों को छुड़ाया जा सकता है।

निकोटिन की उत्कट इच्छा को संतुष्ट किया जा सकता है, जबकि इससे जुड़ी आचरण संबंधी आदतों को छुड़ाया जा सकता है। इसका दूसरा महत्त्वपूर्ण पहलू यह है कि मैंने मुवक्किल से कहा कि वह इस आदत को किसी निश्चित घटना के साथ जोड़े, जिससे उसे पूरा दिन इसके बारे में पता चले। इससे मुवक्किल को यह पता चलता है कि किसी निश्चित उत्तेजना के कारण यह उत्कट इच्छा अभी भी है और इसलिए यह आदत एक अवलंबन है और इसलिए उसे यह छोड़ना चाहिए। मैं आश्वस्त करता हूँ कि मुवक्किल अपनी योजना में इसे स्वीकार करते हैं। जब उन्हें धूम्रपान की इच्छा होती है तो इसे वे अपनी योजना में सम्मिलित करते हैं।

यह बहुत ही महत्त्वपूर्ण है कि अल्पाहार (सिगरेट) की शुरुआत इस समझ के साथ की जाए कि इसमें कुछ समय लगेगा। मैं अपने मुवक्किल से यह पूछूँगा कि आमतौर पर वह हर दिन कितनी सिगरेटें पीता है और उतने ही से वह शुरुआत भी करे। अब उसे उतना ही या उससे कम, जितने पर सहमति हुई है, उतनी ही सिगरेटें पीनी होंगी। इस शुरुआत के साथ इसे लगातार कम करते जाना है, जैसे हर दो दिन के बाद एक सिगरेट कम होती जाएगी।

(क) मुवक्किल को प्रतिदिन सुबह में उस दिन से एक दिन पहले की आदत का मूल्यांकन करते समय उसे सिगरेट का डिब्बा खाली करना है।

(ख) सिगरेट के डिब्बे के बजाय, जो इतनी आसानी से उपलब्ध है, मुवक्किल को सिगरेट के उस हिस्से में रबर बैंड लगाना था, जितना उस दिन निर्धारित था। धूम्रपान करने से सिगरेट से रबर बैंड हटाना जरूरी है। इस प्रक्रिया से इस आदत तक की आसान पहुँच में बाधा आती है और इसमें सामान्यता के बजाय विघ्न पैदा होता। इस विघ्न से आदत और मुश्किल बनेगी, क्योंकि असामान्य परिस्थितियों में इसे पूरा करना

कठिनतर होगा, जैसे ड्राइविंग।

(ग) आधी प्रक्रिया हो जाने पर मैं अपने मुवक्किल को सिगरेट का ब्रांड बदलने के लिए कहता हूँ। इससे उसका वह स्वाद चला जाता है, जिसकी उसे आदत होती है।

जब प्रक्रिया आधी पूरी हो जाती है तो मैं मुवक्किल से उस नए ब्रांड की सिगरेट का आधा ही धूम्रपान करने के लिए कहता हूँ। इससे निकोटिन की जो थोड़ी भी उत्कट इच्छा होती है, उसकी तुष्टि हो जाती है। इससे उसका काम भी बढ़ता है और चूँकि वह एक ऐसी विस्तृत योजना भी व्यवस्थित रखता है, जिससे उसे यह पता चलता है कि इस आदत पर उसने कितने पैसे खर्च किए, इस जानकारी से उसे निराशा होती है।

हर सफल सप्ताह के बाद अपने मुवक्किल को बधाई दीजिए और उन्हें किसी सकारात्मक सुदृढ़ीकरण का आनंद भी लेने दीजिए। इस प्रक्रिया द्वारा उनमें ग्लानि की भावना आती है, यदि वे इसे छोड़ना चाहें, तब। उन्हें अपने आप में तथा अपने सलाहकार के प्रति भी ग्लानि होती है।

हर सफल सप्ताह के बाद अपने मुवक्किल को बधाई दीजिए और उन्हें किसी सकारात्मक सुदृढ़ीकरण का आनंद भी लेने दीजिए। इस प्रक्रिया द्वारा उनमें ग्लानि की भावना आती है, यदि वे इसे छोड़ना चाहें, तब। उन्हें अपने आप में तथा अपने सलाहकार के प्रति भी ग्लानि होती है।

अवचेतन स्तर

जब इस चिकित्सा के सम्मोहन पक्ष पर ध्यान केंद्रित करते हैं, तो व्यक्ति को चाहिए कि वह हमेशा सकारात्मक संकेतों का प्रयोग करे। मुवक्किल द्वारा इस आदत से छुटकारा पाने के लिए दिए गए कारणों के सकारात्मक पक्ष पर ध्यान केंद्रित कीजिए।

1. मैं मुवक्किल द्वारा बताए गए कारणों पर जोर देता हूँ, ताकि उसे

यह पता चल सके कि उसे धूम्रपान के इस चंगुल से निकलने में कितनी खुशी हो रही है, जिसकी उसे लंबे समय से जरूरत थी।

(क) उसे अपने खाने में ज्यादा स्वाद आएगा।

(ख) हवा उसे अच्छी लगेगी।

(ग) उसके कपड़ों से अब धूम्रपान ही गंध नहीं आएगी।

(घ) नकारात्मक से सकारात्मक दूरी का उपयोग करें।

2. मुवक्किल के लिए यह जानना जरूरी है कि वह ठीक हो रहा है। लगभग ऐसा ही, मानो वह वर्षों की बीमारी के बाद ठीक हो रहा है।
3. मैं इस बात को सुनिश्चित करता हूँ कि वह संकेतों की सफलता का संकेत करने के लिए अपना सिर हिलाकर सकारात्मकता दरशाए। मुसकराहट बिखेरिए। इससे उसके अवचेतन स्तर पर सकारात्मक संदेश जाता है। वह अपने स्वास्थ्य के लिए युद्ध जीत रहा है।

कई लोगों ने ऊपर बताए गए सुझावों का सफलतापूर्वक उपयोग किया है और मैं आपको प्रोत्साहित करता हूँ कि आप इसे अपने दोस्तों के साथ बाँटिए। वे संकेत, जो आप उपयोग करेंगे, आपकी विश्राम की अवस्था में प्रवेश करने से पहले आपके द्वारा पूर्व निर्धारित होने चाहिए।

डाइटिंग

किसी भी डाइट के प्रभावी होने का एकमात्र तरीका यह है कि वह या तो डाइट बिल्कुल भी नहीं है। मेरे

> *किसी भी डाइट के प्रभावी होने का एकमात्र तरीका यह है कि वह या तो डाइट बिल्कुल भी नहीं है। मेरे कहने का आशय यह है कि किसी भी व्यक्ति के खान-पान की आदतें वर्षों उसके आचरण पैटर्न का परिणाम हैं। डाइट उन स्थापित पैटर्नों को दोबारा निर्धारित करना मात्र है।*

कहने का आशय यह है कि किसी भी व्यक्ति के खान-पान की आदतें वर्षों उसके आचरण पैटर्न का परिणाम हैं। डाइट उन स्थापित पैटर्नों को दोबारा निर्धारित करना मात्र है। इसलिए इस बात का तभी कोई अर्थ है, जब कोई व्यक्ति डाइट के परिणाम प्राप्त करना चाहता है और उसके लिए अपने आचरण में बदलाव लाना चाहिए। 'डाइट' के प्रयास के परिणामस्वरूप केवल थोड़े समय के लिए ही वजन में कमी आती है, क्योंकि समान परिणाम के साथ-ही-साथ सामान्य आचरण स्वयं को पुनः स्थापित कर देता है।

कोई भी ऐसा विश्वास कि 'डाइटिंग' बिना दीर्घकालिक आचरण परिवर्तन प्रक्रिया के प्रभावी होगा, बचकाना है। दुर्भाग्यवश, बहुत सारे लोग, जो इतने सीधे हैं कि वे अल्पाहार की फेरी करनेवालों को खुश रखते हैं और संयुक्त राज्य अमेरिका में उसे एक बड़ा व्यापार बनाते हैं।

अब मेरे थोड़े-बहुत उपदेश तथा व्यावसायिक होने का डर लगने के बाद मैं आपको अवांछित वजन घटाने का रहस्य बताऊँगा। वास्तव में वे लोग, जो वर्तमान में किसी ऐसी बीमारी से प्रभावित नहीं हैं, जिससे उनका उपापचय प्रभावित होता है, बल्कि यह एक साधारण प्रक्रिया है।

अब मेरे थोड़े-बहुत उपदेश तथा व्यावसायिक होने का डर लगने के बाद मैं आपको अवांछित वजन घटाने का रहस्य बताऊँगा। वास्तव में वे लोग, जो वर्तमान में किसी ऐसी बीमारी से प्रभावित नहीं हैं, जिससे उनका उपापचय प्रभावित होता है, बल्कि यह एक साधारण प्रक्रिया है। मुझे मालूम है कि उन व्यावसायिक विज्ञानों में यह प्रतीत नहीं होगा, जो दैनिक आधार पर रेडियो एवं टेलीविजन के माध्यम से प्रसारित किए जाते हैं; लेकिन यह वास्तव में है। यह उस दूसरी आचरण परिवर्तन प्रक्रिया से भिन्न नहीं है, जो मैंने अभी तक बताई है। इसकी शुरुआत आपके अभी के खान-पान की आदतों के मूल्यांकन से होती

है। आपके मूल्यांकन बिंदु तथा खान-पान की आदतों के निरंतर संलेखन से आपको यह पता चल जाना चाहिए कि आपसे गलती कहाँ हो रही है।

यदि आप यह जानना चाहते हैं कि क्या खाना है, तो मैं आपको यह सलाह देता हूँ कि आप इस विषय पर कोई पुस्तक पढ़िए, बल्कि ऐसी कोई भी पुस्तक, जिसमें आपको भोजन के पौष्टिक मूल्य के विषय में सूचना मिलती है, वह आपके लिए अच्छी है। इस पुस्तक को पढ़िए और कैलोरी की उस मात्रा को निर्धारित कीजिए, जो आपके शरीर के लिए आवश्यक है। इसके बाद अपने डॉक्टर से बात कीजिए।

> *यदि आप यह जानना चाहते हैं कि क्या खाना है, तो मैं आपको यह सलाह देता हूँ कि आप इस विषय पर कोई पुस्तक पढ़िए, बल्कि ऐसी कोई भी पुस्तक, जिसमें आपको भोजन के पौष्टिक मूल्य के विषय में सूचना मिलती है, वह आपके लिए अच्छी है। इस पुस्तक को पढ़िए और कैलोरी की उस मात्रा को निर्धारित कीजिए, जो आपके शरीर के लिए आवश्यक है। इसके बाद अपने डॉक्टर से बात कीजिए।*

अब, जबकि आपको यह बता दिया है कि आपके लिए वजन कम करने का प्रयास सही है, आप अपने आचरण-परिवर्तन की प्रक्रिया शुरू कर सकते हैं। आपकी सुविधा के लिए मैंने एक प्रक्रिया प्रस्तुत की है, जो विगत में सफल रही है। आपको इस तरीके और किसी अन्य आचरण परिवर्तन प्रक्रिया में समानता का पता चलेगा।

1. अपने वर्तमान आधार का मूल्यांकन कीजिए।
2. एक लक्ष्य निर्धारित कीजिए।
3. एक योजना विकसित कीजिए।
4. एक पत्रिका रखिए।
5. (सकारात्मक) मजबूत कीजिए।

जैसा कि आपको पता चलता है कि यह धूम्रपान और इससे संबंधित बातें काफी हद तक लगभग समान ही हैं और कोई भी अन्य बात आप बदलना नहीं चाहेंगे। अवचेतन स्तर भी समान है।

अवचेतन

इस बात पर सीधे-सीधे सिर्फ सकारात्मक पहलुओं पर अपना ध्यान केंद्रित कीजिए कि जब आपका अवांछित वजन कम होने लगे तो आप कैसा अनुभव करेंगे। कल्पना का उपयोग कीजिए—खुद की स्वस्थ के रूप में कल्पना करके। विश्राम एवं इस समझ के सुख पर अपना ध्यान केंद्रित कीजिए कि हम जीने के लिए खाते हैं, न कि खाने के लिए जीते हैं।

इस बात को समझिए कि धूम्रपान और बहुत सारी आदतों की तरह खाना भी ऐसी किसी चीज का प्रतिस्थापन्न हो सकता है, जो आप समझते हैं कि आपकी खो गई है। एक बार फिर इससे भावनात्मक जरूरत के साथ-ही-साथ शारीरिक जरूरत पैदा होती है, जिससे धूम्रपान की तरह ही निपटना चाहिए।

कुछ स्पष्ट समायोजनों के साथ किसी को भी धूम्रपान छोड़ने में मदद करने की प्रक्रिया का किसी भी अन्य आचरण परिवर्तन प्रक्रिया की तरह वजन घटाने सहित अनुसरण किया जा सकता है।

खेलकूद

किसी खिलाड़ी के लिए एकाग्रता की बढ़ती अवस्था की प्रायः आवश्यकता होती है और इसे बस, आत्म-सम्मोहन तथा इच्छित लक्ष्य के प्रति ध्यान केद्रण में उल्लिखित अवस्था से प्राप्त किया जा सकता है। लक्ष्य के प्रति तीव्र केंद्रित होने से प्रदर्शन में वृद्धि होगी, जिससे एक बार फिर आपके आत्मविश्वास को बल मिलेगा। हो सकता है कि आप अभ्यास से पहले आत्म-सम्मोहन का एक सत्र करना चाहें, क्योंकि उससे

आपके ध्यान एवं एकाग्रता में वृद्धि होगी।

कोई भी व्यक्ति अपने खेल में श्रेष्ठता प्राप्त करने के लिए ही अभ्यास करता है। अभ्यास शारीरिक एवं मानसिक स्रोतों द्वारा प्राप्त सलाह के आधार पर आदत एक पैटर्न का निर्माण है। इस मामले में सलाह का स्रोत कोच एवं अभ्यास का दुहराव होगा। यदि पहले से ही एकाग्रता की बढ़ती अवस्था का अनुभव हो रहा है तो सलाह को अवचेतन मन द्वारा स्वीकार कर लिया जाएगा। शारीरिक स्तर पर फलदायी अभ्यास सत्र के साथ ही एकाग्रता की बढ़ती अवस्था के कारण कोई एक सफल खिलाड़ी बन पाता है।

अभ्यास शारीरिक एवं मानसिक स्रोतों द्वारा प्राप्त सलाह के आधार पर आदत एक पैटर्न का निर्माण है। इस मामले में सलाह का स्रोत कोच एवं अभ्यास का दुहराव होगा। यदि पहले से ही एकाग्रता की बढ़ती अवस्था का अनुभव हो रहा है तो सलाह को अवचेतन मन द्वारा स्वीकार कर लिया जाएगा। शारीरिक स्तर पर फलदायी अभ्यास सत्र के साथ ही एकाग्रता की बढ़ती अवस्था के कारण कोई एक सफल खिलाड़ी बन पाता है।

चिंता की परख कीजिए

प्राय: यह इस विश्वास का परिणाम होता है कि कोई व्यक्ति परीक्षा के लिए तैयार नहीं है। इसे घटित होने से रोकने का सही तरीका है वास्तव में अध्ययन करना, न कि परीक्षा के लिए रटना। कोई व्यक्ति इसे वास्तव में दी गई पाठ्य सामग्री को पढ़कर कर सकता है। सुनने में यह थोड़ा बचकाना लगता है, लेकिन देखते हैं, हममें से कितने लोग वास्तव में इसे पढ़ते हैं।

यह जानना बहुत जरूरी है कि आप महत्त्वपूर्ण सूचना क्यों नहीं पढ़ते। मैं शर्त लगा सकता हूँ कि आपकी उस विषय में रुचि ही नहीं है और

आप उस पैराग्राफ को बीच में ही छोड़ देते हैं। इस प्रक्रिया का अर्थ यह है कि निस्संदेह आपको इसे बार-बार पढ़ना पड़ेगा।

इसका आशय यह है कि आप सामान्य हैं। आप सूचनाओं के उस बोझ के कारण, जिससे आप परिचित नहीं हैं, अति प्रतिक्रियाशीलता की अवस्था का अनुभव करने लगेंगे। इससे आपका ध्यान भंग होता है और आपको उस पैराग्राफ को दोबारा पढ़ना पड़ता है। उस पैराग्राफ को दोबारा पढ़ने से आप परेशान हो जाते हैं, इस कारण आप पुस्तक को दूसरे दिन के लिए किनारे रख देते हैं। सूचनाओं को नहीं पढ़ने के कारण चिंता की दूसरी अवस्था बनती है, जिससे परीक्षा से पहले अति प्रतिक्रियाशीलता एवं भय की दूसरी अवस्था बनती है।

इस प्रकार, आप इससे कैसे बच सकते हैं। वास्तव में यह बहुत आसान है। अपने पढ़ने के ढंग की एक योजना बनाइए। आदत डालिए, एक ही समय में थोड़ा-बहुत ग्रहण करना शुरू कीजिए।

मस्तिष्क के ऊबने एवं ध्यान भंग होने के पहले कोई भी व्यक्ति थोड़े समय लिए ही ध्यान केंद्रित करने में समर्थ होता है। अपना अध्ययन सत्र 30-40 मिनट लंबा बनाइए। उन क्षेत्रों की एक रूपरेखा बनाइए, जो आपको महत्त्वपूर्ण लगते हैं। 30-40 मिनट के बाद उठिए और थोड़ा टहलिए। थोड़ा-बहुत कोई भी व्यायाम कीजिए, जो आपको अच्छा लगता

मस्तिष्क के ऊबने एवं ध्यान भंग होने के पहले कोई भी व्यक्ति थोड़े समय लिए ही ध्यान केंद्रित करने में समर्थ होता है। अपना अध्ययन सत्र 30-40 मिनट लंबा बनाइए। उन क्षेत्रों की एक रूपरेखा बनाइए, जो आपको महत्त्वपूर्ण लगते हैं। 30-40 मिनट के बाद उठिए और थोड़ा टहलिए। थोड़ा-बहुत कोई भी व्यायाम कीजिए, जो आपको अच्छा लगता है; लेकिन 10-15 मिनट के लिए पढ़ाई रोक दीजिए।

है; लेकिन 10-15 मिनट के लिए पढ़ाई रोक दीजिए। 10-15 मिनट के बाद उसी तरह पढ़ना शुरू कीजिए, जैसा मैंने पूर्व पैराग्राफ में दोबारा बताया है। जब सुबह आप जागिए तो पिछली रात में पढ़े गए महत्त्वपूर्ण अंशों को दोहराइए।

सत्रों में अपनी पढ़ाई उसी तरह करके, जैसा कि मैंने आपको बताया है, आप अति प्रतिक्रियाशीलता और इस अवस्था के कारण उत्पन्न एकाग्रता की कमी से बच सकते हैं। जब आप परीक्षा देने के लिए तैयार होते हैं तो आप सम्मोहन के अंतर्गत उल्लिखित क्रिया-कलापों के द्वारा उस बढ़ी हुई अवस्था को प्राप्त कर सकते हैं। इस प्रक्रिया द्वारा एकाग्रता बढ़ेगी, जो एक ऐसे वातावरण के निर्माण का पूर्ण पहलू है, जिसमें चिंता नहीं होती। विश्राम द्वारा संघनित एकाग्रता का निर्माण होता है, जिसके बदले में धारण क्षमता बढ़ती है। यदि सूचनाएँ धारण की गई हैं तो स्पष्टत: इनका स्मरण भी किया जा सकता है।

अन्य उपयोग

अब तक यह स्पष्ट हो गया है कि अपने अवचेतन मन और दिन-प्रतिदिन के कार्यों में इसकी जिम्मेदारियों को समझकर आप प्रभावशाली ढंग से स्वैच्छिक रूप से इसका कुशलतापूर्वक उपयोग कर सकते हैं, कई अन्य तरीकों से, जो मेरे द्वारा ऊपर वर्णित तरीके से भिन्न हैं। नीचे मैंने एक सूची बनाई है, ताकि इस नई समझ का प्रयोग करके आप कितना कुछ कर सकते हैं, के विषय में आपको थोड़ी जानकारी उपलब्ध करा सकूँ। मैं स्पष्ट रूप से इन विषयों के लिए इस पुस्तक का छोटा-सा भाग समर्पित करके विषय के साथ न्याय नहीं कर सकता, क्योंकि प्रत्येक विषय पर एक पूरी पुस्तक लिखी जा सकती है। इसलिए बदले में मैंने इस पुस्तक की रचना इस तरह की है कि इसकी सहायता से आप नीचे दिए गए विषयों पर अपनी समझ विकसित कर सकते हैं, क्योंकि उनका संबंध आपके जीवन से है।

पुराना दर्द

गर्भावस्था

खान-पान संबंधी विकार

विश्वास

प्रतिरक्षा प्रणाली का पुनः निर्माण

यौन संबंधी अपर्याप्तता

एकाग्रता/धारण शक्ति।

स्पष्टतः और भी बहुत सारे विषय हैं, जिन पर वर्णन किया जा सकता है; लेकिन आधा आनंद यह जानने में है कि आप अपने अवचेतन मन को समझकर किस प्रकार लाभ उठा सकते हैं, न कि अपने अवचेतन मन को समझकर कितना लाभ उठा सकते हैं।

□

27

निष्कर्ष

मैं आशा करता हूँ कि आपको इस पुस्तक से बहुमूल्य सूचनाएँ मिली होंगी। मुझे लगता है कि यदि आप इस प्रकाशन का सिर्फ एक पहलू भी ग्रहण करते हैं तो संदेश आप तक पहुँच जाएगा।

याद रखिए, जीवन यह नहीं है कि आप क्या करने जा रहे हैं, बल्कि आपने क्या किया है? जीवन यह है कि आपने किसको पीछे छोड़ा और उसके साथ क्या यादें छोड़ीं। अपने लक्ष्य निर्धारित कीजिए और उन्हें प्राप्त करने के लिए योजनाएँ बनाइए। काम कीजिए और अपनी प्रबलताओं एवं अपनी उपलब्धियों की स्वीकृतियों को दर्ज कीजिए।

यह पुस्तक तो मात्र एक दिशा-निर्देश है, जो आपको उस प्रोग्राम की समझ देने का प्रयास करती है, जो आपका अस्तित्व निर्धारित करता है और यही समझ आपके उन्नति करने का एक संभावित तरीका भी हो सकती है। यह जानने से ही कि आप कौन हैं और कैसे समझते हैं, आधी लड़ाई खत्म हो जाती है। आपको मैं शुभकामनाएँ देता हूँ और मुझे पूरा भरोसा है कि आपको इसकी जरूरत नहीं पड़ेगी, जब आप अपने हृदय और मस्तिष्क में उपलब्ध दिशा-निर्देशों का पालन करते हैं।

यदि आप हमेशा अपने पूर्वजों के पद-चिह्नों का पालन करते हैं तो आप भी हमेशा वहीं जाएँगे, जहाँ वे पहले ही पहुँच चुके थे।

आपको मेरी शुभकामनाएँ!

अपनी संवेदनशीलता के प्रकार को जानने के लिए निम्नलिखित प्रश्नों के उत्तर दीजिए। प्रत्येक वह प्रश्न, जिसका उत्तर 'हाँ' में है, के लिए एक अंक है, अपवाद-स्वरूप पहले दो प्रश्नों को छोड़कर। पहले दो प्रश्नों के लिए दो अंक हैं। जब आप सभी प्रश्नों के उत्तर दे चुकें तो सभी 'हाँ' वाले उत्तरों को जोड़कर 5 से गुणा करें। इस संख्या द्वारा आपको अपनी शारीरिक संवेदनशीलता के लिए निकटतम प्रतिशत प्राप्त होगा।

1. क्या अपने वयस्क जीवन में आप कभी नींद में चले हैं?
2. किशोर के रूप में क्या आप अपनी भावनाओं को माता-पिता के सामने व्यक्त करने में सहज महसूस करते थे?
3. क्या आप में यह प्रवृत्ति है कि अपनी रुचि के विषय पर चर्चा करते हुए सामनेवाले व्यक्ति की आँखों में सीधा देखकर बातें करते हैं और या बात करते हुए उनके निकट चले जाते हैं?
4. क्या आपको लगता है कि लोग जब पहली बार आपसे मिलते हैं तो वे आपकी रूपाकृति की अनदेखी करते हैं?
5. किसी समूह में यदि आप किसी व्यक्ति से बस अभी मिले ही हैं, क्या उनका ध्यान अपनी ओर आकृष्ट पाकर सहज महसूस करते हैं?
6. क्या आप अन्य लोगों की मौजूदगी में उस व्यक्ति का हाथ पकड़ने या आलिंगन करने में सहज महसूस करते हैं, जिसके साथ आपके संबंध हैं?
7. यदि कोई व्यक्ति आपसे शारीरिक रूप से उत्तेजित होने की बात करता है तो क्या आप भी उत्तेजित महसूस करने लगते हैं?
8. क्या आप बातचीत के दौरान उपेक्षा करते हैं, क्योंकि बातचीत या बहस को अपने पक्ष में करना चाहते हैं।

9. क्या आपको लगता है कि आप सुनने की अपेक्षा देखकर और/या पढ़कर अच्छी तरह समझते हैं।

10. किसी नई कक्षा में या व्याख्यान सुनते समय क्या आप प्राय: प्रश्न पूछते समय खुद को सहज महसूस करते हैं?

11. अपने विचारों को अभिव्यक्त करते समय क्या आप इस बात को अधिक महत्त्वपूर्ण समझते हैं कि उस व्यक्ति को वह विषय अच्छी तरह समझने के लिए सभी संबंधित विवरण उपलब्ध कराए जाएँ?

12. क्या आप बच्चों के साथ समय बिताना पसंद करते हैं?

किशोर के रूप में क्या आप अपनी भावनाओं को माता-पिता के सामने व्यक्त करने में सहज महसूस करते थे? क्या आप में यह प्रवृत्ति है कि अपनी रुचि के विषय पर चर्चा करते हुए सामनेवाले व्यक्ति की आँखों में सीधा देखकर बातें करते हैं और या बात करते हुए उनके निकट चले जाते हैं? क्या आपको लगता है कि लोग जब पहली बार आपसे मिलते हैं तो वे आपकी रूपाकृति की अनदेखी करते हैं?

13. क्या किन्हीं अपरिचित परिस्थितियों में या व्यक्तियों के सामने आप अपने शरीर की गतियों के साथ सहज अनुभव करते हैं?

14. क्या आपको गैर-काल्पनिक कहानियों की अपेक्षा काल्पनिक कहानियों में अधिक आनंद आता है?

15. यदि आपको लगता है कि आपकी प्रशंसा की जानी चाहिए तो जब अन्य लोगों की मौजूदगी में आपकी प्रशंसा की जाती है तो क्या आप सहज महसूस करते हैं?

16. यदि आप कल्पना करते हैं कि आप एक बड़ा, पीला, रसदार खट्टा नीबू चूस रहे हैं तो क्या इससे आपके मुँह में पानी आ जाएगा ?
17. यदि कोई आपके शारीरिक रूप की प्रशंसा करे तो क्या आप सहज महसूस करते हैं ?
18. क्या आपको लगता है कि आप संवाद–कुशल एवं बातचीत करने में अच्छे हैं ?

□□□